Für meine Seelen-Kinder Henri, Ludwig und William
und für meinen Traummann Mario.

Ihr seid meine größten Schätze und mein Lebensglück.

Und für all die Mütter, die so stark, so furchtlos und anmutig
tagtäglich für ihre Familien alles geben!

MAMA ohne DRAMA

EIN MAMIFEST

EIN BUCH DER
EDITION MICHAEL FISCHER

INHALT

LIEBSTE Mom,

ich spreche jetzt von Mutterseele zu Mutterseele. Du hältst ein Buch in den Händen, das dir Freude schenken soll, dich inspirieren, erheben und stärken möchte und dir zeigen wird, wie wertvoll du als Mutter bist!

Damit du es endlich auch glaubst – deine Kinder wissen es schon längst. Damit du endlich siehst, wie viele kleine und große Dinge DU für deine Kinder/deine Familie und all deine Lieben in deinem Leben tust. Auch wenn dein Kopf, deine Gedanken sagen, dass du geduldiger und noch ordentlicher sein musst, alles noch besser laufen soll und du (noch) mehr besondere Sachen unternehmen sollst. Auch wenn du dich manchmal schlecht und traurig fühlst, weil du deinen Gedanken, dass du nicht genug getan hast, dass du noch besser sein kannst und dass du keinem gerecht wirst, glaubst.

Du machst und tust und tust, und es ist trotzdem nicht genug. Nicht genug, damit du sagen und vor allem fühlen kannst, dass du eine gute Mutter bist.

Dabei ist uns Müttern genau das das Wichtigste, das Heiligste auf der Welt: eine Mutter zu sein, die herzlich, liebevoll, geduldig, glücklich, topfit und gesund, verständnisvoll, authentisch und erhebend ist. Welche Qualitäten sind dir selbst noch wichtig, um eine gute Mutter zu sein?

Liebste Mutter, liebste Mom! Ich fühle alles, was dich in deinem Mama-Alltag begleitet: Neben der absoluten und tiefen Liebe für deine Kinder, neben all der Glückseligkeit eben auch all die Herausforderungen, all den Stress, den Frust, die Wut, die Erschöpfung, die Müdigkeit und dazu das Gefühl, alles stemmen zu müssen.

Ich sehe dich.

All deine Taten, die großen, die kleinen und die vielen dazwischen. Ich sehe dich. Ich sehe, wie du vor dem Schlafengehen noch die Wäsche machst, wie du manchmal das Gefühl hast, „nur“ eine Putzfrau zu sein, wie du dich manchmal so allein fühlst in all dem Chaos, das beseitigt werden will.

Ich sehe dich.

Ich sehe, wie du die Flecken in der Kleidung deiner Lieben auswäschst, wie du täglich Hunderte Handgriffe machst, damit „der Laden läuft" und alles fertig wird. Ich sehe, wie du deine Lieben verwöhnst mit all deiner Liebe, deiner Güte, deiner Zeit, deiner Aufmerksamkeit, all dem, was du bist für deine Familie: Ihr strahlendes Licht, du bist ihre Sonne.

Sie sehen dich und deine wundervoll herzliche Art, dein wahres Ich. Und wie du trotz all der Liebe und allem, was du für deine Schätze gibst, dich manchmal – zu oft – so schlecht fühlst, so traurig, weil du vielleicht einmal nicht geduldig warst, weil du einmal wütend geworden bist, und dich einfach für all die Fehler als Mutter schuldig fühlst. All deine negativen Gedanken und Gefühle des „Nicht-genug-Seins". All die Vorwürfe, die du dir selbst machst.

Ich sehe dich.
Siehst du dich auch?

Die meisten Mütter leben ein Abbild der Mutterrolle ihrer eigenen Mutter, gepaart mit den gesellschaftlichen Vorgaben, wie eine Mutter „zu sein" hat. Neben der Ausübung eines Berufs, wobei eine vorzeigbare Karriere schon fast Pflicht ist, darf eine Mutter sich in all ihren Rollen, die sie zu bedienen hat, zerreißen und gleichzeitig einen Körper haben, der einem Topmodel ähnelt, zudem jeden Tag frisch und bewusst kochen, sich um jeden und alle kümmern und dabei immer happy und strahlend sein. All diese Bilder, die man in Zeitschriften, TV-Sendungen, Werbungen und natürlich in den Social Media vorgesetzt bekommt, dringen tief in unser Unterbewusstsein ein und kreieren dort ein Bild davon, wie eine perfekte Mutter zu sein hat. Sich das einen Moment lang bewusst zu machen ist schon ein bedeutender Schritt. Einen kurzen Cut in deiner Gedankenbahn und den Gewohnheiten zu machen, die dein Leben kreieren, die dein Alltagsleben sind.

Wie wäre es, wenn wir endlich, endlich diesen Wahnsinn an Perfektion infrage stellen, durchatmen und uns zugestehen, dass es okay ist, nicht perfekt zu sein? Uns zugestehen, dass bereits so viel Gutes da ist und unsere Aufmerksamkeit bewusst darauf richten, wie viele Dinge in unserem Alltag und an uns selbst gut sind.

„Ich kann mich entspannen und dankbar sein für all das, was ich schaffe, und für alles, was gut ist in meinem Mama-Alltag." – Mit einer solchen Haltung erschaffen wir eine wohlwollende Atmosphäre, aus der heraus man ganz entspannt all die To- dos erledigen und zugleich wachsen kann.

Eine gute Mutter darf, wie jeder andere Mensch, Fehler machen, auch ungeduldig sein und auch mal die Stimme erheben. Keiner ist perfekt, und jene Menschen, die versuchen, nahezu perfekt zu sein, sind die unzufriedensten. Und das, obwohl jede Mutter die innere Perfektionistin (meine heißt übrigens „Miss Perfect") in sich kennt und hört, wie sie einem einzureden versucht, dass immer alles perfekt sein sollte: kochen, putzen, Wäsche, Ordnung, gut aussehen, großartige Arbeit leisten, die besten Kinder haben, die immer hören und niemals schreien (vor allem in der Öffentlichkeit), dich um alle und jeden kümmern – Kinder, Eltern, Freunde, Nachbarn, Ehrenamt –, allen zuhören, immer für alle da sein, alles planen, und immer wieder, immer wieder alles wieder aufräumen.

Nun die alles entscheidende Frage an dich: Wie ist dein Mama-Alltag momentan? Bist du glücklich, entspannt und wachst jeden Tag voller Energie und Lebensfreude auf?

Sich tagtäglich aufopfern und die eigenen Bedürfnisse hintanstellen? Wann kommst du?

Ich glaube aus tiefstem Herzen daran, dass man am meisten geben kann, am meisten für andere da sein kann, wenn man sich regelmäßig liebevoll und mitfühlend (!!!) um sich selbst kümmert. Das Schlüsselwort heißt:

Liebevolle und achtsame Selbstfürsorge.

Du weißt aus eigener Erfahrung, wenn du körperlich fit, entspannt, erfüllt und glücklich bist, bist du die beste Mama, die beste Ehefrau, die beste Tochter, Freundin, Arbeitskollegin, Nachbarin usw.

Selbstfürsorge, wie ich sie verstehe, besteht jedoch nicht nur aus dem Sich-um-sich-selbst-Kümmern im Sinne von Zeit für sich und für Dinge wie ausruhen, Sport, Wellness, sich mit einer Freundin treffen (selbstverständlich ebenfalls superwichtig) zu haben, sondern sie geht weit darüber hinaus:

Bei der Selbstführsorge geht es auch um persönliche Weiterentwicklung.

Wie gehe ich mit negativen Gedanken um? Wie mit meinen negativen Gefühlen, wenn mein Kind all meine Knöpfe drückt und Wut in mir hochsteigt, die ich aber immer versuche zu unterdrücken, um mein Bild von einer perfekten Mutter weiter zu leben? Wie schaffe ich es trotz dem Eltern-Dasein, eine erfüllende Partnerschaft zu leben und mich immer wieder neu in meinen Partner zu verlieben, anstatt ständig rumzumeckern, wer was nicht gemacht hat? Wie lasse ich belastende Gedanken über mich selbst, über meine Eltern oder andere mir wichtige Menschen im Leben los? Wie schaffe ich es, mehr Leichtigkeit und Lebensfreude zu leben, um einfach das Leben mit meinen Schätzen mehr zu genießen? Und zwar egal, wie viel Stress – vor allem dann – im Außen ist. Wie schaffe ich es, mir selbst jeden Tag herzlich und wohlwollend zu begegnen und mich genügend um mich selbst zu kümmern?

Jetzt denkst du sicherlich: Ja gerne würde ich mal wieder Zeit für mich haben, ABER...

Aber?... Jetzt stoppe ich dich direkt mal und möchte dir entgegnen: Lass dich bitte nicht wieder von deinen eigenen Begrenzungen einlullen und glaube nicht den Gedanken, warum dies oder jenes nicht geht, sondern fange endlich an zu fragen, WIE es gehen kann! Wenn du gerade viele Gedanken wahrnimmst, die Widerstände in dir hochfahren lassen, Gedanken wie: *Was weiß die schon – die hat es ja viel einfacher.* Oder: *Ich bin ja so müde, ich schaffe es einfach nicht, etwas für mich zu tun, ich bin schon froh, wenn ich abends ins Bett falle …* Dann sei dir jetzt direkt eine der fundamentalsten Botschaften dieses Buchs vorab verraten:

Es sind nur Gedanken.

Gedanken, denen du glaubst. Gedanken, die dich runterziehen, dich klein machen, dich einfach schlecht fühlen lassen. Aber Gedanken haben nur den Wert, den man ihnen verleiht.

Wie fühlst du dich in deinem Mama-Alltag? Freust du dich jeden Morgen auf den kommenden Tag, und schläfst du abends glückselig, voller Dankbarkeit für dein megacooles und erfüllendes Mama-Dasein ein? Die Tools in diesem Buch helfen dir, genau dahin zu kommen und das Leben mit den wichtigsten Menschen in deinem Leben sowie dir selbst endlich wieder mehr zu genießen.

Viele Mütter, die ich begleiten darf, sagen: *„Ich bin so traurig, weil ich mir mein Mama-Leben ganz anders vorgestellt habe. Ich wollte so sehr Kinder haben und glücklich sein, aber jetzt finde ich mich in einem nie endenden Hamsterrad aus To-do's. Ich bin nur noch dabei, alles abzuarbeiten, frustriert, gestresst, ausgelaugt und unglücklich und genau deswegen obendrauf auch noch voller schlechtem Gewissen."*

Genau hier setzen die Impulse in diesem Buch ein, und ich zeige dir Tools, die dich von jeglicher Schwere im Alltag (wie Stress, Müdigkeit, Überforderung, sich gehetzt fühlen, Streitereien etc.) hin zur Leichtigkeit (Entspannung, „alles ist gut"-Gefühl, Verbindung zu deinem Partner/deinen Kids/dir selbst, Achtsamkeit im Alltag, das Leben im Hier und Jetzt genießen) führen.

Dich erwarten Themen, die wissenschaftlich nachgewiesen dein Glück und dein Wohlbefinden steigern.

Ich wünsche mir von Herzen, dass dich meine Worte tief erreichen und du am Ende dieser Herzensreise eine Art Glücks-Blumenstrauß für dich hast, der je nach deinem Bedarf die richtige Blume (= Impuls = Tool) für dich bereit hält, um dich selbst zu stärken.

Mein innerstes Herzensanliegen ist folgendes: Ich möchte dir ein Herzens-Geschenk machen. Ich möchte, dass du in deinem Sterbensbett auf dein Mama-Leben zurückschaust und sagst: Ja, ich habe das Leben mit meinen Schätzen in vollen Zügen genossen, sie so sehr genossen mit meinem ganzen Sein, und nicht nur existiert und von Wochenende zu Wochenende durchgehalten, sondern wirklich gelebt. Ich bin voller Glückseligkeit über mein Mama-Dasein.

Den Mama-Alltag so zu leben, dass man am Ende dieser Reise voller Dankbarkeit sagen kann:

Ja, ich bin ganz verliebt in das Leben, das ich mit meinen Kindern gelebt habe, und fühle tiefe Zufriedenheit und inneren Frieden, wenn ich an mein Mama-Leben denke. Wir haben gelacht, getanzt, gestritten und leicht wieder versöhnt, wir haben gekuschelt, durchgekitzelt, Krisen zusammen gemeistert und aus allem immer das Beste gemacht. Ich bin so dankbar, dass ich diese so großen und wundervollen Seelen begleiten durfte und sie mich daran immerzu erinnert haben, was das Wichtigste im Leben ist und dass alles gut ist, in jedem Moment – alles ist gut.

Dieses Buch bietet dir als Glücks-Impulse verpackte Ideen, wie du mit ein paar Minuten am Tag die Qualität deines gesamten Mama-Daseins zum Positiven verändern kannst.

Die Übungen, Inspirationen und Tools, die du ausprobieren kannst, sind aus den Bereichen der Entspannung, Glücksforschung und Persönlichkeitsentwicklung. Es sind die größten Learnings, die ich auf meinem eigenen beruflichen Weg als Entspannungstherapeutin, Glückspädagogin, Achtsamkeitstrainerin und auf meinem privaten Weg als glückliche dreifache Mama lernen durfte und jeden Tag lebe.

Diese Tools schenken mir mein absolutes Mama-Traumleben.

Selbst an herausfordernden Tagen bin ich resilient und vor allem milde und mitfühlend mir und meinen nicht so großartigen Momenten gegenüber. Ich habe gelernt, wie ich genau dann, wenn ich nicht meine hohen Erwartungen als Mama erfülle, mich selbst stärken und wieder auffangen kann. Ich habe Wege gefunden, meine Glücks-Rituale zu nutzen, um mich wieder in Balance, in meiner Mitte zu halten, egal, was im Außen geschieht. Wenn das einem immer öfter gelingt, ist der Alltag mit all seinen Facetten ein Mami-FEST.

Das kannst du auch und dieses Buch möchte dir zeigen *WIE!*

Meine Mission, meine Soul-Angelegenheit ist es, bewusste Mütter wie dich zu stärken, zu erheben und zu begleiten, damit du deinen Mama-Alltag mit deinem wertvollsten Schatz im Leben, deinen* Kind*ern, wieder mehr genießen kannst und täglich innerlich tief zufrieden und glücklich einschlafen kannst.

Ich möchte dich mit den folgenden Übungen, Inspirationen und Ideen auf Kopf- und Herzensebene erreichen und dir vor allem eins mitgeben:

Ich sehe dich und wie wundervoll du bist. Du bist genug und wertvoll. Du bist eine wundervolle Mutter.

Deine Mindful Mom, deine Anna

1. MAMA-GLÜCKS-IMPULS:

Achtsamkeit

Achtsamkeit ist DAS Tool für meinen eigenen Weg als Mutter. Achtsamkeit durchzieht alle anderen Tools wie ein roter Faden, wie eine Basis, die alles zusammenhält oder stützt.

EINE KLEINE **EINLEITUNG** ZUR **ACHTSAMKEIT**

Das Lesen über die Achtsamkeit und die Begegnung mit dem Thema während meines Heilpädagogik-Studiums haben mich sehr inspiriert. Die Ausbildung zur Achtsamkeitstrainerin für Stressbewältigung hatte ich vor allem für mich selbst gemacht, weil ich bereits gespürt habe, dass Achtsamkeit mir als Mama Entspannung und inneren Frieden schenkt und von innen stärkt. Seit 10 Jahren begleitet und erfüllt die Kultivierung eines achtsames Eltern-Daseins mein absolutes Mama-Traumleben.

Die Wurzeln der Achtsamkeit liegen im Buddhismus. Vor ca. 2500 Jahren beschrieb Buddha seinen Erleuchtungs-Moment als Achtsamkeit: völlig frei von der Anhaftung seiner Gedanken, Gefühle, Wünsche, Verlangen, Vergleiche, Urteile. Schlicht und einfach wahrnehmend und eingetaucht in den gegenwärtigen Moment. Da empfand er die vollkommene Glückseligkeit, das „Erwachen" aus der Illusion des Verstandes, man bräuchte etwas von außen, einen besonderen Umstand, um glücklich zu sein. Buddha („der Erwachte") beschrieb diesen Moment als Achtsamkeit.

Achtsamkeit, wie wir sie heute verstehen und kultivieren, hat der amerikanische Molekularbiologe Prof. Jon Kabat-Zinn in den 1970ern in die westliche Kultur „gebracht" und seitdem erforscht. Er übertrug das Konzept der Achtsamkeit, getrennt von dem religiösen Aspekt des Buddhismus, auf die westliche Kultur der Moderne und gründete Ende der 1970er eine Stressbewältigungs-Klinik, in der er das achtwöchige MBSR-Programm (Mindfulness Based Stress Reduction) für Menschen mit stressbedingter Symptomatik entwickelte.

Mittlerweile gibt es Tausende Studien, viele unter Mitwirkung von Jon Kabat-Zinn über die positiven Effekte von Achtsamkeit. Die Einübung und Kultivierung von Achtsamkeitspraktiken führen nachweislich zur Verbesserung des Wohlbefindens auf allen Ebenen, körperlich, geistig und seelisch.

Mein absoluter positiver Lieblings-Effekt einer achtsamen Lebensweise ist der innere Frieden, d. h. die stille innere Zufriedenheit, die man verspürt – das ist ein unfassbar schönes Gefühl.

POSITIVE EFFEKTE VON **ACHTSAMKEIT,** ODER: WARUM DU **SIE BRAUCHST**

Zunächst möchte ich dir eine kleine Übersicht über die positiven Effekte von Achtsamkeit geben. Du wirst direkt sehen, dass es sich lohnt, die Achtsamkeit in dein Mama-Leben zu holen:

- Stärkere Resilienz (psychische Widerstandsfähigkeit gegenüber Stressfaktoren – und diese haben wir reichlich in unserem Mama-Alltag)
- Steigerung positiver Emotionen und des allgemeinen Wohlbefindens
- Weniger Gedankenkarussell
- Öfter das Leben genießen im HIER & JETZT, anstatt gedanklich mit Vergangenheit und Zukunft beschäftigt zu sein
- Schärfung deiner Sinne (Kinder nehmen die Welt sehr intensiv mit ihren Sinnen wahr – du kannst das auch gemeinsam mit ihnen tun, das verbindet)
- Mehr Klarheit
- Mehr Kreativität für neue Herangehensweisen und Lösungen für Probleme/Stress-Situationen (im Stressmodus gelingt das dagegen sehr schlecht)
- Bessere Entscheidungen für dich und dein Mama-Leben treffen
- Bessere Wahrnehmung deiner Bedürfnisse und der Signale deines Körpers
- Kultivierung von innerer Freiheit, Selbstbestimmtheit, innerem Frieden
- Stärkung von Selbstvertrauen und Selbstakzeptanz durch Selbstmitgefühl
- Hilft loszulassen und dem Leben und sich selbst als Mama zu vertrauen
- Steigerung von Empathie und Herzlichkeit gegenüber anderen und sich selbst
- Distanzierung von Beurteilungen und Verurteilungen über andere und sich selbst, dadurch Verbesserung von Beziehungen
- Besserer Umgang mit negativen Gedanken und Gefühlen (oft die größte Herausforderung im Familienalltag)

Reaktives Verhalten, wenn man gestresst ist:

Das Eltern-Dasein ist, wie du weißt, auf allen Ebenen – körperlich, geistig und seelisch – eine unfassbar große Herausforderung, die neben all der gleichzeitigen Glückseligkeit unheimlich stressvoll ist.

Wenn wir gestresst sind, antworten wir reaktiv aus dem Stressmodus heraus, d. h. wenn unser System gestresst ist, haben wir eine Art Tunnelblick, und es läuft immer auf folgende Handlungen hinaus:

- **Fight**: Wir gehen in Konfrontation. (Du gehst z. B. in einen Streit mit deinem Partner, weil er nicht zugehört hat, oder erhebst deine Stimme deinem Kind gegenüber, weil es unerwünschtes Verhalten gezeigt hat.)
- **Flight**: Wir verlassen die Situation örtlich, wutentbrannt, oder ziehen uns geknickt zurück.
- Freeze: Wir sind so geschockt, dass wir zu keiner Handlung fähig sind, „es verschlägt einem die Sprache", oder man wird apathisch. („Macht doch, was ihr wollt! Mir ist alles egal.")

Das sind natürliche Vorgänge, die bei jedem Menschen ablaufen, wenn er über eine längere Zeitspanne gestresst ist. Kurzzeitiger Stress ist an sich ungefährlich und kann sogar hilfreich sein, um sich weiterzuentwickeln, indem man z. B. über sich hinauswächst und seine Komfortzone verlässt. Der Stress, wie ihn Eltern erfahren, ist meistens über Jahre vorhanden. Das ist ein wichtiger Punkt aus zwei Gründen:

Zum einen darfst du mit diesem Wissen, alle Schuld von dir abladen, die du auf deinen Schultern und in deinem Herzen trägst, für all die Fehler, die du als Mutter gemacht hast. Du konntest in dem Moment nicht anders, dein System war so müde, so ausgelaugt, emotional belastet, schlafdepriviert, sodass du im Stressmodus warst. (Zum Thema Vergebung siehe 10. Mama-Glücks-Impuls)

Zum anderen ist genau aus diesem Grund so essenziell, dass du dich gut um dich selbst kümmerst und Selbstfürsorge aktiv in deinem Alltag lebst, sodass du immer wieder aktiv Entspannung erfährst: körperlich, geistig und seelisch.

Achtsamkeit (und alle anderen Tools, die ich im Folgenden vorstelle) helfen genau hierbei.

WAS IST Achtsamkeit?

Man liest und hört immer wieder von „Achtsamkeit“, aber was genau ist damit eigentlich gemeint? Im Folgenden möchte ich dir den Begriff von Achtsamkeit vorstellen, wie ich ihn verstehe. Achtsamkeit besteht nämlich aus vielen Komponenten, die ich dir nun darstellen möchte.

1. Lenkung deiner Aufmerksamkeit

Achtsamkeit
ist die bewusste und liebevolle
Lenkung deiner Aufmerksamkeit
auf den gegenwärtigen Moment.

Unser Verstand beschäftigt sich gedanklich ständig damit, was bereits war (Vergangenheit) oder was noch kommt (Zukunft). So sind wir auch beim Tun häufig dabei, über etwas nachzudenken. (Vgl. Kapitel 5. Thema Gedanken) Die Buddhisten beschreiben diesen Umstand unseres menschlichen Geistes als ein wild agierendes Äffchen, das von Ast zu Ast („Vom Hölzchen aufs Stöckchen“) springt. Beobachte dich mal dabei! Wenn du deine alltäglichen banalen Dinge erledigst, wenn du z. B. die Spülmaschine ausräumst, Auto fährst oder die Zähne putzt, was denkst du in diesen Momenten? Denkst du vielleicht darüber nach, was du heute kochst, oder darüber, was du generell heute noch zu tun hast? Du bist nicht allein mit diesem permanenten Denken! Den meisten Menschen geht es so. Wir sind „nur halb da“. Vor allem bei den Dingen, die wir seit Jahren immer wieder tun und über die wir nicht mehr nachdenken müssen, schalten wir in den sogenannten Autopilot-Modus (automatisierte Verhaltensweisen). Das Gehirn spart damit

Energie, indem es einfach ein gewohntes, ihm bereits bekanntes, „Programm/Muster" ablaufen lässt und wir gleichzeitig über etwas anderes nachdenken können. Wissenschaftler haben festgestellt, dass wir ca. 50–70 % unseres Wachzustandes im Autopilot-Modus sind, also eher „schlafend" oder unbewusst handeln. Wir sind mit unserer Aufmerksamkeit nur halb da.

Studien zeigen, dass uns dieser Umstand nicht glücklich macht. Du kannst selbst kurz reflektieren, wie es dir im Alltag geht. Die meisten Mütter fühlen sich gestresst, sind gehetzt und haben gefühlt Hunderte Dinge im Kopf, die sie ständig jonglieren. Diese innere Unruhe fühlt sich nicht gut an. Der Verstand kaut ständig To-do's durch, erstellt Bewertungen darüber, wie etwas war, und die innere Kritikerin hält uns permanent vor Augen, was mit uns nicht stimmt und was wir als Mutter falsch gemacht haben. Daneben all die Vergleiche mit anderen Müttern. Das alles verschafft uns negative Gefühle der Unzulänglichkeit und Frust bis hin zur Depression. Zusätzlich entzieht es wertvolle Energie, die wir so sehr brauchen für unseren Familienalltag.

Eine interessante Studie aus der Glücksforschung, die Autofahrer im Stau untersuchte, verdeutlicht die Problematik: Diejenigen, die sich nur auf das Hier und Jetzt konzentrierten, also achtsam waren, waren auf der Skala des persönlichen Glücks zufriedener als diejenigen, die ständig in Gedanken versunken oder in ihren Gefühlen der Aufregung über den Stau oder die anderen Fahrer waren. Das klingt ganz logisch. Das Überraschende jedoch war, dass die Autofahrer, die achtsam waren, sogar glücklicher waren als diejenigen, die sich etwas Schönes vorgestellt haben oder an etwas Schönes aus der Vergangenheit gedacht haben. Das unterstreicht, wie heilsam und wichtig es ist, eine achtsame Lebensweise zu kultivieren. d. h. immer wieder zurück ins Hier und Jetzt zu kommen.

Im Grunde ist Achtsamkeit das Gefühl, in einer grundlosen Glückseligkeit zu sein. Gedankenfrei, sorgenfrei, in vollkommener Akzeptanz zu der Realität oder Erfahrung, im Hier und Jetzt versunken und im Tun oder versunken im Sein. Und das entspricht genau dem, was wir in unserer Kindheit gelebt haben und uns als Erwachsene so oft ersehnen und uns zu selten erlauben. Achtsamkeit lädt eben dazu ein: Schau dir dein Kind an, es ist die ganze Zeit achtsam und genießt einfach von Moment zu Moment in seinem So-Sein das Leben, immer im gegenwärtigen Moment mit all seinen Höhen und Tiefen, ohne zu bewerten.

2. Desidentifikation

Achtsamkeit ist die Desidentifikation mit deinen Gefühlen

Wenn wir denken, fühlen oder körperlich etwas wahrnehmen (z. B. Schmerzen), identifizieren wir uns sofort damit. Wir sind so sehr versunken in der Wahrnehmung, d. h. in das, was die Gedanken- und Gefühlswelt uns gerade zeigt, dass wir dieses als die absolute Wahrheit annehmen und darauf basierend handeln. Wir hinterfragen selten etwas davon und nehmen jedes Urteil, jede negative Bewertung unseres inneren Kritikers als wahr an. Manche negativen Gefühle sind so unerträglich, dass wir es gewohnt sind, sie zu verdrängen oder uns mit Social Media/Internet/TV/shoppen/telefonieren/emotionalem Essen etc. abzulenken, um die negativen Gefühle nicht mehr spüren zu müssen. Wir wissen nicht, wie wir anders mit negativen Gedanken oder Gefühlen umgehen sollen. Wie auch – unsere Eltern haben es ebenfalls nicht gelernt und konnten es somit nicht an uns weitergeben. Daher ist es für unseren Verstand/für unser gesamtes System einfach ungewohnt, die Dinge anders zu betrachten oder mit unseren Wahrnehmungen nur zu sein, ohne den Storys zu folgen und sie als die absolute Wahrheit zu betrachten.

Achtsamkeit bietet dafür einen sehr wertvollen Zugang an: **Bei Achtsamkeits-Übungen lernt man, mit allem „einfach" ZU SEIN. Mit einer urteilsfreien, wohlwollenden und annehmend-akzeptierenden Haltung.** Das bedeutet, du nimmst deine Gefühle, deine Gedanken oder Körperempfindungen wahr, ohne sie zu verurteilen, zu beurteilen oder sie sofort verändern wollen. Du übst ein, immer wieder in die Meta-Kognition zu kommen. Das bedeutet, dass du anfängst, dich in deinen Gedanken, Worten, Reaktionen, Handlungen, einfach in all deinen aktuellen Verhaltens- und Denkmustern, zu beobachten. Wahrnehmen, wie du dich verhältst in deinem alltäglichen Tun, dazu dient das Trainieren deiner Observer-Mind, eine weitere Komponente der Achtsamkeit, die ich dir im nächsten Schritt vorstelle.

3. Observer-Mind

Gedanken/Gefühle und Körperempfindumgen als innerer Beobachter wahrnehmen. Du bist der Beobachter (= das Bewusstsein).

Wesentlich für das Trainieren deines Observer-Mind sind Fragen und Sätze, die dabei helfen, emotionalen Abstand zu gewinnen. Sie dienen zur Desidentifikation, somit kannst du besser beobachten und wahrnehmen, ohne zu tief darin zu versinken. So kann man klarer wahrnehmen und daraufhin entscheiden, wie man antworten möchte, anstatt aus dem Ego heraus zu reagieren.

Hilfreiche Fragen/Sätze zum Trainieren deines Observer-Mind:

- So fühlt sich also ... (das Gefühl) an.
- Das ist interessant. (Beim Aufkommen negativer Gefühle, vor allem, wenn uns jemand triggert.)
- Was hat das mit mir zu tun?
- Wo in meinem Körper ist das Gefühl? Wie fühlt es sich an? Welche Farbe/Form/Gestalt hätte es, wenn es eine Form etc. hätte?
- Alle Gefühle dürfen jetzt da sein.
- Alle Gedanken dürfen jetzt da sein.
- Ich weiß nicht, was das bedeutet. Ich muss es nicht wissen.
- Die Gedanken kommen, die Gedanken gehen, sie ziehen vorüber wie die Wolken.
- Gefühle und Gedanken sind wie Wolken, ich bin der Himmel. Oder: Gefühle und Gedanken sind wie Wellen in einem Ozean, ich bin der Ozean.
- Bin ich gerade bewusst (achtsam im Hier und Jetzt)?
- Bin ich es, die gerade leidet, oder bin ich diejenige, der es bewusst ist?
- Auch das geht vorbei.
- Alles kommt und geht.

4. Urteilsfreie Wahrnehmung

Achtsamkeit ist die wertfreie und vorurteilsfreie Wahrnehmung deiner gegenwärtigen Erfahrung.

Wie bereits oben erwähnt, spielt die urteilsfreie Wahrnehmung bei der Achtsamkeit eine wichtige Rolle. Wir sind es gewohnt, alles und jeden und vor allem jede Erfahrung zu bewerten und einzuteilen in gut/böse, möchte ich/möchte ich nicht, das ist besser/schlechter, mag ich/mag ich nicht usw. Das ist eine normale menschliche Verhaltensweise und dient unserem Gehirn zur Energieersparnis (durch „Schubladen-Denken") und uns als Menschen zur Orientierung. Es geht deshalb bei der Achtsamkeit auch nicht darum, unser Verurteilen zu verurteilen, hebt Jon Kabat-Zinn immer wieder hervor, sondern darum, sich dessen bewusst zu werden. Das bedeutet, in der Haltung des Inneren Beobachters wahrzunehmen, ohne dem Gedanken oder Gefühl jedes Mal zu glauben. Was bedeutet es, diese Haltung uns selbst oder anderen gegenüber zu leben? Es bedeutet, allen Empfindungen und Erfahrungen, die du tagtäglich als Mutter hast und erlebst, wertfrei und urteilsfrei zu begegnen. Ist das nicht eine unheimlich freiheitsschenkende Ansicht? Jedes Mal, wenn du nicht perfekt bist als Mutter und die innere Kritikerin/Perfektionistin auftaucht und dich verurteilt, übst du ein, dies „nur" wahrzunehmen als einen Anteil von dir. Du bist die Wahrnehmende (= der Himmel) und die Gedanken/Gefühle sind Anteile von dir (= Wolken), die kommen und gehen. Jedes Mal, wenn du ein Urteil/einen Vergleich/eine negative Bewertung z. B. gegenüber einer anderen Mama wahrnimmst, beobachte einfach, ohne diesem Urteil Glauben zu schenken und ohne dich selbst dafür zu verurteilen.

Das bedeutet nicht, dass du alles mit einer rosaroten Brille wahrnehmen und zu allem „Ja" sagen sollst, sondern dass du durch die Wahrnehmung mehr Klarheit gewinnst, ob und wie du auf die Erfahrung antworten möchtest. Dann wirst du nicht aus dem Stressmodus reagieren und dich und andere verurteilen oder ständig kritisieren, sondern du kannst aus einer wohlwollenden, dich selbst und andere stärkenden Attitude viel besser mit deinen Mitmenschen leben und dabei wachsen. Hilfreich dafür sind dieselben Fragen, die ich oben bereits beschrieben habe, sowie ein weiterer Aspekt der Achtsamkeit, den ich im Folgenden beschreibe: **das Mitgefühl**.

5. Mitgefühl und Herzlichkeit

*Achtsamkeit bedeutet:
Ein milder, liebevoller und mitfühlender Umgang mit uns selbst und anderen sowie wohlwollende Annahme aller ungeliebten/ungewollten Anteile.*

Jon Kabat-Zinn beschreibt in seinen Vorträgen und Interviews, dass Achtsamkeit auch mit Herzlichkeit gleichzusetzen ist. Eine Auffassung, die mit meinem Mama-Wertesystem besonders resoniert. Ich liebe es, unseren Kindern, meinem Mann und allen um mich herum, d. h. all den Menschen, die mir begegnen, Herzlichkeit entgegenzubringen. Ich liebe dieses verbindende Gefühl, das dadurch entsteht. Meine absolute Aufmerksamkeit, mein achtsames Zuhören, mein Da-Sein, meine liebevolle Unterstützung auf allen Ebenen, meine ehrliche Mitfreude, das Anlächeln/Anstrahlen, Umarmen, mein ehrliches und wahrhaftiges Interesse an meinen Mitmenschen, mein „Vergeben und Vergessen", meine Geschenke ... – das ist Herzlichkeit und gleichzeitig Achtsamkeit. Natürlich bin auch ich nicht perfekt, und es gelingt mir nicht immer, ich kann nicht zu jeder Zeit so sein, aber durch Achtsamkeit und Selbstfürsorge kann ich diesen mir so wichtigen Wert sehr oft leben. Wenn es mir mal nicht gelingt und die innere Kritikerin sich meldet, nehme ich sie wahr und fange mich mit milden und mitfühlenden Worten wieder auf.

Das bedeutet, ich schenke mir in diesen Momenten selbst die Herzlichkeit und erinnere mich auf liebevolle Weise daran, dass ich jetzt für mich selbst da sein darf, um dann wieder die liebevolle Art und Weise anderen zu schenken und damit anderen zu dienen.

Schau dir an, was du tagtäglich für dein Kind tust und wie oft du am Tag Herzlichkeit lebst. Du gibst dein absolut Bestes, in jedem Moment, und liebst dein Kind bedingungslos.

Doch wie bei jeder Mutter gelingt es dir und mir noch zu selten, uns selbst diese Herzlichkeit, diese bedingungslose und wohlwollende Annahme und Liebe zu schenken. Achtsamkeit hilft genau hierbei.

Da die Komponente des Mitgefühls unfassbar großen Wert für das Mama-Wohlbefinden in sich trägt, wird diesem Thema ein ganzes Kapitel gewidmet (siehe 3. Mama-Glücksimpuls: Mothering yourself).

Was kannst du konkret tun, um vom Widerstand gegen hin zur Akzeptanz der Realität zu kommen?

Der erste Schritt besteht darin, dass du dich im Alltag, wenn etwas Herausforderndes passiert, darauf besinnst, zuallererst den Widerstand wahrzunehmen und anzunehmen. Danach kannst du die ersparte Energie auf die „Lösung" fokussieren. Folgende weitere Anker-Sätze können dir dabei hilfreich sein:

- Es ist wie es ist. Es wird, was ich daraus mache.
- Es ist bereits geschehen. Es ist bereits da.
- Wie kann ich bestmöglich damit umgehen?
- Was kann ich Bestmögliches daraus machen?
- Wie können wir am besten und in Leichtigkeit damit umgehen?
- Was kann ich daraus lernen?
- Gibt es auch positive Aspekte, die damit einhergehen?
- Ich umarme das, was ist.
- Mein absoluter Lieblingssatz, wenn negative Gedanken oder Gefühle aufsteigen: Ich muss nichts damit anfangen.

Durch die Anker-Sätze verändert sich das Fixed-Mindset (Opferhaltung: Mir wird etwas angetan, ich bin hilflos.) in ein Growth-Mindset (Ich entscheide, wie ich damit umgehe/ was ich darüber denke und wie ich mich fühle; ich bin selbstwirksam und selbst verantwortlich für mein Glück). Dabei hilfreich ist die Qualität des inneren Beobachters (siehe oben „Observer-Mind"). Das heißt, auch wenn negative Gefühle bei solchen Ereignissen aufsteigen, trittst du in deine innere Beobachterin-Rolle ein und nimmst liebevoll und wertfrei deine Gefühlswelt wahr, ohne sie nach außen ausleben zu müssen (Meta-Kognition).

Ebenfalls erleichternd ist es, sich Humor zunutze zu machen. Beispielsweise habe ich irgendwann folgenden Satz in unsere Familie integriert, wenn ein Glas Wasser umkippt: „Das ist ja super! Wieder eine Gelegenheit, um sauber zu machen!" Und alle sprechen mit und lachen anschließend los. Die Situation ist aufgelockert und wieder entspannt. Oder ich denke mir ein Lied aus und singe laut los über die gerade ungünstige Erfahrung, und wieder lachen alle los, und ich kann dann aus der Leichtigkeit heraus das Beste aus dem Geschehenen machen.

ZUGANG ZUR Achtsamkeit:

- *Durch deine Sinne*
- *Liebevolle Lenkung deiner Aufmerksamkeit auf das Hier & Jetzt*
- *Meditation*
- *Hilfreiche Ankersätze/Fragen*

Wie kannst du Achtsamkeit in deinem Alltag leben?

Um Achtsamkeit in deinem Alltag leben zu können, bedienst du dich deiner Sinne. Das bedeutet, du übst ein, bei alltäglichen Dingen wieder bewusster wahrzunehmen. Man nennt ein solches bewusstes Verhalten auch informelle Praxis.

Beispiel Kochen: Wenn du kochst, nimmst du bewusst alle einzelnen Schritte wahr. Du fokussierst dich immer wieder auf die Ausführung deines Tuns. Wenn deine Gedanken wegschweifen, nimmst du dies wahr und führst deine Aufmerksamkeit liebevoll wieder auf das Kochen/den jeweiligen Schritt, den du gerade verrichtest, zurück. Bewusst erfahren, wie jede Zutat riecht, aussieht, sich anfühlt – vielleicht machst du dir noch zusätzlich bewusst, wie viele Menschen daran beteiligt waren, dass diese Zutaten hier bei dir landen, wie gesegnet wir sind, stets Essen kochen zu können und dass wir zu den reichsten Menschen auf der Welt (!) gehören, weil Essen immer verfügbar ist. Du verstehst, was ich meine. Wir erlangen so Wertschätzung und Dankbarkeit und das Bewusstsein dafür, wie gesegnet wir sind. Beim Schneiden hörst du das Messer hindurchgleiten und siehst zu, wie nach und nach ein Gericht entsteht. Du machst dir bewusst, wie

viel Zeit und Liebe du deiner Familie damit entgegenbringst und schenkst. Du spürst, wie wertvoll das ist. Du schmeckst mit geschlossenen Augen ab und nimmst die Aromen wahr. Du hörst, wie es im Topf blubbert … Du setzt also alle deine Sinne bei der Erfahrung ein. Die Erfahrung des Kochens verwandelt sich somit von einer manchmal gefühlt lästigen Pflicht zu einer wundervollen Erfahrung.
Das, was ich dir am Beispiel des Kochens gezeigt habe, kannst du bei allem tun: beim Duschen, Spazierengehen, Händewaschen, beim Wickeln, wenn du deinen Morgenkaffee genießt oder das Essen, wenn du Wäsche faltest und sogar beim Putzen.

Natürlich kann man diese Bewusstheit nicht den ganzen Tag lang und bei allen Tätigkeiten zu 100 % haben. Fange einfach bei einer Tätigkeit an und erweitere die bereichernde Erfahrung der Achtsamkeit auf alles, was dir im Alltag begegnet.

In meinen Kursen lade ich Mütter dazu ein, sich eine ungeliebte alltägliche Pflicht auszusuchen, diese eine Woche lang bewusst achtsam auszuführen und dabei wahrzunehmen, ob sich etwas verändert. Zusätzlich fordere ich sie dazu auf, sich eine Tageszeit auszusuchen, zu der sie sich mit ihrem Kind achtsam verbinden: Wirklich zuhören, ohne an etwas anderes zu denken, seine Mimik, Gestik und den Klang seiner Stimme wahrnehmen, die Haut spüren, riechen, Haare spüren mit den Händen oder mit dem Gesicht – dabei die Augen schließen erleichtert den Fokus auf die anderen Sinne. Vielleicht auf dem Weg zum Kindergarten/zur Schule oder nach dem Abholen, beim Essen oder vor dem Schlafen. Wichtig ist, dass du eine klare Intention als Commitment triffst, das erleichtert deine Mind, wirklich dran zu denken und es wirklich zu tun. Jedes Mal, wenn du bemerkst, dass deine Aufmerksamkeit wegdriftet (hin zu Gedanken über To-do's z. B.), lenkst du sie wieder liebevoll zurück zu deinem Kind. Dieser Schritt, zu merken, dass die Aufmerksamkeit wegschweift und diese wieder zurückzubringen, ist ein Erfolg! Er bewirkt eine neuronale Umstrukturierung in deinem Gehirn. Je öfter man übt, desto schneller wird aus einem Trampelpfad (man lernt gerade eine neue Gewohnheit) eine Autobahn (neue positive Gewohnheit ist verankert).

Du kannst nach Gefühl dort starten, wo es sich stimmig für dich anfühlt. Wichtig ist die Kontinuität, dass du wenigstens einmal am Tag daran denkst und übst und es immer weiter ausbaust. So bilden sich in deiner Gehirnstruktur neue neuronale Wege und somit kann eine neue positive Gewohnheit entstehen.

Nach ein wenig Übung weitest du die Kultivierung deiner Achtsamkeits-Praxis immer weiter aus: auf alle Menschen, die dir begegnen, alle Tätigkeiten, die du machst, und auf dich selbst.

Übung
INFORMELLE PRAXIS

Suche dir eine alltägliche Sache aus, die du bewusst eine Woche lang achtsam ausführen möchtest, und stelle dir kurz vor, wie du dies tatsächlich machst. Studien haben gezeigt, dass das kurze bildliche Vorstellen die Wahrscheinlichkeit deiner Ausführung um ein Vielfaches erhöht. (Durch die bereits visualisierte Handlung ist es für unser Gehirn leichter, sich bei der späteren Umsetzung dran zu erinnern.) Denn unser Gehirn kann nicht zwischen vorgestellter Realität und der realen Realität, wenn man die Vorstellung detailliert und mit Gefühlen assoziiert erlebt, unterscheiden.

Die Verschriftlichung hilft, dein Commitment zu stärken, also beginne direkt hier und heute damit!

Lästige Aufgabe aus dem Haushalt:

Eine bestimmte Zeit, in der du mit deinem Kind besonders achtsam sein möchtest (z. B. Abholzeit/ Essenszeit/vor dem Schlafen etc.)

*Eine bestimmte Tageszeit, zu der du deiner*m Partner*in besonders achtsam begegnen möchtest (z. B. erstes Aufeinandertreffen nach der Arbeit oder immer, wenn er/sie den Raum betritt):*

Eine bestimmte seltene Aufgabe, die du allgemein ungerne machst (Steuerklärung/Organisatorisches/Papierkram ordnen/Keller aufräumen etc.):

Eine bestimmte Tageszeit, zu der du achtsam mit dir selbst sein möchtest (z. B. morgens nach dem Aufstehen/beim ersten Kaffee oder Tee am Morgen/duschen/Körperpflege/zwei Minuten Stille gönnen etc.):

So habe ich mich dabei gefühlt, als ich in meinem Alltag Achtsamkeit geübt habe:

Übung
FORMELLE PRAXIS

Ein weiterer Zugang sind konkrete Übungen, wie z. B. Meditation, die sogenannte formelle Praxis. Dazu gehören z. B. Geh- und Sitzmeditationen, Atemmeditationen oder der Body-Scan. Ein schneller und einfacher Zugang, dies zu üben, ist über deinen Atem. Unseren Atem haben wir immer bei uns und bereits ein paar Minuten (sogar alleine schon ein tiefer Ein-und Ausatmer pro Stunde) haben das Potenzial unser Wohlbefinden positiv zu verändern:

Setze oder lege dich in eine bequeme Position und schließe deine Augen. Bringe deine Aufmerksamkeit auf deinen Atem. Beobachte wie dein Atem ein- und ausfließt, ohne etwas zu verändern. Du kannst dir dabei einen Körperbereich aussuchen, auf den du deinen Fokus richtest: deine Nase, deine Brust oder deinen Bauch. Beobachte eine Minute lang deinen Atem. Stelle fest, wie sich Einatmen und Ausatmen anfühlen. Nimm nur wahr, ohne etwas Weiteres machen zu müssen. Wenn deine Aufmerksamkeit wegschweift zu einem Gedanken, einem Geräusch oder einer Körperempfindung, bringe sie behutsam wieder zurück auf deinen Atem. Nach ein bis zwei Minuten kannst du nun deinen Atem etwas tiefer und langsamer werden lassen. Atme gerne durch die Nase ein und aus. Das sendet deinem Körper, deinem Geist und deiner Seele die Botschaft, dass alles gut ist, du sicher und geborgen bist und du loslassen kannst. Nach ein bis zwei Minuten lässt du deinem Atem wieder freien Lauf, so wie er ist, und nimmst ihn weiterhin wertfrei wahr. Nach weiteren ein bis zwei Minuten oder so lange es sich für dich stimmig anfühlt, öffnest du wieder deine Augen, aktivierst dich kurz (z. B. kurz strecken oder dehnen), und wenn du magst, kannst du dir selbst noch ein Lächeln schenken.

Notiere deine Erfahrung hier:

Das habe ich bei der Achtsamkeits-Übung wahrgenommen und gefühlt:

So ging es mir nach der kleinen „Alltags-Pause“ (körperlich, gedanklich, seelisch):

Keynotes Achtsamkeit

1. Achtsamkeit ist die bewusste Lenkung deiner Aufmerksamkeit auf den gegenwärtigen Moment.
2. Wertfreie/urteilsfreie/liebevolle Wahrnehmung von dir selbst/anderen/der Welt
3. Zugang zur Achtsamkeit durch deine Sinne oder hilfreiche Fragen
4. Beginners-Mind: jeder Erfahrung begegnen, als ob es das erste Mal ist.
5. Herzlichkeit, Mitgefühl und wohlwollende Güte dir selbst und anderen gegenüber sind Qualitäten von Achtsamkeit.
6. Desidentifikation mit deinen Gefühlen/Gedanken/Körperempfindungen. Das sind Anteile, die kommen und gehen. „Ich muss nichts damit anfangen."
7. Observer-Mind: wertfreies Beobachten deines Inneren Erlebens. Übe, damit zu sein.
8. Wissenschaftliche Untersuchungen belegen, dass eine achtsame Lebensweise förderlich ist für ein gesundes und glückliches Leben auf allen Ebenen.

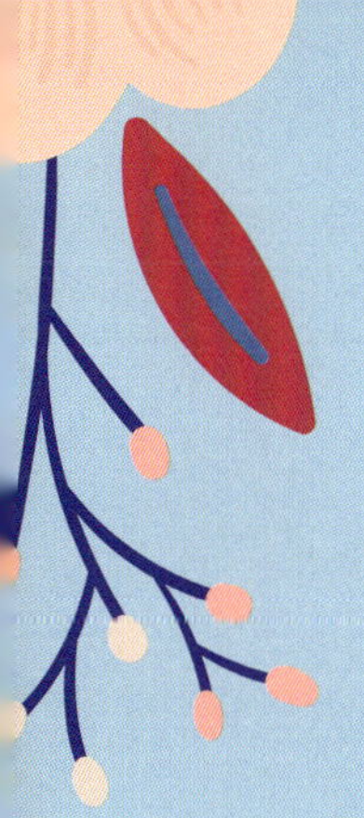

Achtsamkeit

Komme zurück zu deinem Be-Wusst-Sein
Und du fühlst dich nie mehr allein
All das Glück wonach der Verstand strebt
Kannst du dir jeden Moment selbst geben durch
den inneren Weg
Deine Aufmerksamkeit nach innen richten
Alle Gedanken und Gefühle nur beobachten
Das Bewusstsein tritt immer mehr zum Vorschein
Im Hier und Jetzt stellt sich innerer Frieden ein
Alles Wollen und das, was nicht stimmt, fällt weg
Alle Unruhe sich als vorübergehendes Gewitter erstreckt
Das Beobachten dieser Anteile in dir
Ohne sich in sie zu verwickeln und ohne die Gier
Die Gier des Verstandes ständig beschäftigt zu sein
Immer im Tun im Außen oder im Geist
Komm zurück in die Gegenwart und einfaches Sein
Sofort stellt sich eine grundlose innere Glückseligkeit ein

2. MAMA-GLÜCKS-IMPULS:

Dankbarkeit

Dankbarkeit zu leben ist ein unheimlich powervolles Tool, um sich immer wieder mit positiven Gefühlen aufzuladen. Wissenschaftliche Untersuchungen zeigen deutlich, dass dankbare Menschen gesünder und glücklicher sind.

EINE KLEINE **EINLEITUNG** ZUR **DANKBARKEIT**

Wie bereits erwähnt (siehe „Beginners-Mind"), neigt unser Geist dazu, sich an alle neuen Dinge schnellstmöglich zu gewöhnen. Die Funktion dahinter ist, negative Dinge, die einem im Leben widerfahren, schnellstmöglich zu verarbeiten, sich anzupassen und weiterzuleben. Studien aus der Glücksforschung haben gezeigt, egal wie schlimm (ein Unfall mit Querschnittslähmung z. B.) oder wie wundervoll eine Erfahrung ist (z. B. ein Lotto-Gewinn), stellt sich nach ein paar Monaten das ursprüngliche Glücksniveau, das man vor dem Ereignis hatte, wieder ein. Das nennt man *„Hedonistische Adaption" (hedonistic adaptation)*. Der Nachteil ist, wie du es schon mehrfach auch aus deinem Alltag kennst, dass man sich auch an all die schönen Dinge schnell gewöhnt: Das neue Haus/die neue Wohnung, das neue Auto, das neue iPhone, das neue Kleidungsstück, das man voller Kaufrausch erworben hat – am nächsten Tag sind die Glücksgefühle schon wieder verflogen oder zumindest nicht mehr so stark. Als du deinen Partner kennengelernt hast, wie sehr hast du dir gewünscht, zusammenzuziehen, zu heiraten, Kinder zu bekommen? Und nun sieh dir deinen Alltag an: Jetzt regt man sich auf, wenn er die Spülmaschine nicht ausgeräumt oder die Socken herumliegen gelassen hat. Denk an ein typisches Beispiel, das dich immer wieder aufregt. All das Besondere, all die Freude und Dankbarkeit scheinen wie verflogen zu sein, und man nimmt viele Dinge als selbstverständlich. Vor allem wenn man durch langanhaltenden Stress im Survival-Modus „fight or flight" ist (vgl. Thema Achtsamkeit). Es ist nicht unsere Schuld – unser Gehirn ist so designt, um uns bestmöglich überleben zu lassen. Es ist in erster Linie daran interessiert, dass man überlebt und nicht, ob wir glücklich sind.

Zusätzliches Erschwernis mit dem zufrieden zu sein, was bereits gut ist und gut läuft, all die Segnungen, die uns tagtäglich begleiten, ist die Neigung unseres Verstandes sich eher auf die negativen Dinge zu fokussieren (sieben bis acht Mal mehr als auf die positiven Dinge). Etwas Negatives bedeutet für unser System potenzielle Gefahr, sodass wir sehr sensitiv darauf ausgerichtet sind, wenn etwas nicht gut läuft. Die Funktion dahinter ist, dass wir schnell Gefahren erkennen, um unsere Überlebenschancen zu steigern. (Früher, in der Steinzeit, als überall Gefahren lauerten, war das sehr wichtig.)

Du kennst das als Mama allzu gut: Wie oft hast du an einem Tag ganz wundervoll liebevoll, geduldig und achtsam auf die Bedürfnisse deines Kindes, deiner Lieben reagiert, Hunderte kleine und große Dinge geschafft und für das Zuhause verrichtet, aber dieses eine Mal bist du laut geworden, hast die

Nerven verloren. Danach hast du genau diese eine Sache, die nicht perfekt war, als letzten Gedanken – aufgeladen mit harter Kritik und Verurteilung – vor dem Schlafengehen in deinem Kopf. Du fühlst dich wie eine Rabenmutter, frustriert, traurig und deprimiert. All die wundervollen Dinge, die du geleistet und erlebt hast, sind nicht mehr präsent. Das ist genau dieser Mechanismus. Der Psychologe Rick Hanson nennt dies den Teflon-Effekt (Positive Erfahrungen gleiten ab wie bei einer Teflon-Pfanne) und den Klettband-Effekt (Negatives bleibt haften wie eine Klette in unserem Gehirn und unserer Gedanken- und Gefühlswelt).

But the good news: Wir können uns aufgrund der Neuroplastizität (die Fähigkeit unseres Gehirns sich zu verändern) stets weiterentwickeln, und das bis zu unserem Lebensende. Durch die Praxis der Dankbarkeit trainieren wir unser Gehirn, den Fokus mehr auf das zu richten, wofür wir dankbar sein können.

Dankbarkeit führt dazu, uns immer wieder bewusst zu machen, dass wir mit so vielen wundervollen Dingen um uns bereits jetzt gesegnet sind. Das Wunderschöne an der neuen Gewohnheit, Dankbarkeit als Lebenseinstellung zu kultivieren, ist, dass dein System irgendwann anfängt, die Umgebung, deinen Alltag danach „abzuscannen", wofür du dankbar sein kannst, und dich immer wieder daran erinnert, wenn du etwas Schönes erfährst.

Wenn du mit der Dankbarkeitspraxis beginnst, gibt es zwei wichtige Regel:

1. Nichts ist selbstverständlich!

2. Wenn es sich komisch anfühlt, bist du genau auf dem richtigen Weg. Das bedeutet: Du veränderst dich gerade.

Da wir es nicht gewohnt sind, uns bei uns selbst zu bedanken, fühlt es sich am Anfang „nicht richtig" an. Das jedoch nur aus dem Umstand, weil es für unser System ungewohnt ist. Die meisten Menschen geben an dieser Stelle auf. Gehe vor allem dann weiter, denn relativ schnell fühlt es sich schon neutral/normal an, und danach von innen stärkend und wunderschön. Durchschnittlich braucht unser System ca. 66 neue Impulse, dann ist eine neue Gewohnheit entstanden. Das ist, wie ich finde super schnell, wenn man bedenkt, dass wir jahrelang anders getickt haben.

Übung

DANKBARKEIT AM MORGEN

Guten Morgen, liebste Mom! Schenk dir selbst morgens innerlich ein Dankeschön für die Nacht – die vielleicht kurz war oder durch Stillen oder mehrmals aufstehen unterbrochen war. Gönne dir ein paar Minuten und sieh dir doch mal an, was du alles für deine Schätze tust und gibst – und das jeden Tag. Bedanke dich auch bei deinem Körper, der unermüdlich jeden Tag und jede Nacht alles für dich tut, so ganz selbstverständlich. *„Danke lieber Körper für alles, was du für mich tust“*, ist mein Ankersatz.

Lass dich, wenn du magst, auf eine neue Dankbarkeits-Routine für den Morgen ein: Booste dich mit positiven Gefühlen, das wird die Qualität deines Tages unheimlich bereichern. Wichtig dabei ist, ins Detail zu gehen und über die Sinne in das Gefühl einzutauchen, bade in den Gefühlen der Dankbarkeit/Wertschätzung und der Bewusstwerdung, wie gesegnet du bist.
Mache dir also bewusst, wofür du dankbar sein kannst, und notiere deine neuen Erkenntnisse hier:

Eine Sache, für die ich gerade am meisten dankbar bin:

Drei Dinge, für die ich in meinem Leben dankbar bin:

Drei Dinge, die ich am Mama-Sein mag:

Eine Sache oder mehr, für die ich meiner Mutter dankbar bin:

Drei Dinge, für die ich mir selbst dankbar bin (z. B. etwas, das ich für meine Familie tue oder Eigenschaften, die ich an mir schätze):

Eine Aktivität oder Tageszeit, bei der ich mir vornehme, voller Dankbarkeit zu sein:

Eine Sache, die ich heute tun möchte, die mich beseelt, die mir unheimlich viel Spaß macht, für die ich sehr dankbar bin:

Übung

DANKBARKEIT AM ABEND

Auch am Abend kannst du dir über die wunderbaren Momente bewusst werden und sie hier sowie in einem Dankbarkeits-Tagebuch festhalten.

Wofür bist du heute am meisten dankbar?

Ich habe es heute sehr genossen als:

Etwas, das heute genauso lief, wie ich es wollte:

Ich habe heute gelächelt/gelacht als:

Ich bin so froh und dankbar, diese Person in meinem Leben zu haben, weil er/sie:

Diese Person hat mir einmal besonders geholfen bei:

Ich habe heute jemandem geholfen als:

Etwas Schönes, das ich heute für mich selbst getan habe:

Drei Dinge, auf die ich mich morgen freue und für die ich dankbar bin:

Ein Beispiel aus meinem Dankbarkeits-Tagebucheintrag:

Danke für einen unvergesslich schönen Tag. Obwohl nichts Besonderes anstand, einfach diese Glückseligkeit des Hier und Jetzt, einfach das ganz „normale" Alltagsleben mit meinen drei Besten. Danke, dass Mario die beiden Großen zur Schule und zum Kindergarten gebracht hat, so hatte ich morgens mehr Zeit und konnte mit William direkt joggen gehen. Danke für die schöne Strecke am Bächle, Podcast auf Englisch hören übers Loslassen und einen Aha-Moment erleben. Danke für das Weinen vor Glück, bewusst werden, dass ich ein guter Mensch bin, dass alles gut ist, dass ich gut genug und wertvoll bin und dass ich ein tiefes Vertrauen in mir trage, wenn ich nach innen schaue. Danke, dass William so großartig ist, sich auf meinen Arm beim Essen legt und es genießt, bei mir zu sein. Danke fürs Lachen und Kuscheln mit ihm. Danke, dass Henri heute Fußball-Training hatte und Ludwig auch mitmachen konnte, Danke für diese leuchtenden Augen und den Spaß, den sie mit den anderen Jungs hatten. Danke für schöne Gespräche mit Eva und Martina und dass William so toll mitgemacht hat, einfach entspannt rumgekrabbelt ist. Danke, dass ich heute frisch und lecker gekocht habe. Danke, dass ich meiner Mama Zeit gewidmet habe und sie angerufen habe. Danke, dass ich Mario zugehört habe und ihm mit dem Toyota Kata Experiment für die Arbeit geholfen habe. Danke fürs erste Mal im Eiscafé sein nach einem Jahr Corona-Pause. Danke für leckeren Milchkaffee. Danke fürs Einkaufen und dass wir uns immer alles leisten können. Danke für die Zeit zum Meditieren und Ausruhen heute Morgen. Danke für unser schönes Bett und die neue frische Bettwäsche – ich schlafe so gut darin. Danke für meine neue Bluse mit den Puffärmeln und dass ich mich in meiner Haut so wohl fühle und alles anziehen kann, was mir gefällt. Danke, dass ich selbstbewusst bin und gelernt habe meinen Körper zu mögen. Und wenn ich manchmal etwas nicht an ihm mag, mit sofort vor Augen führe, wie dankbar ich bin, was mein Körper alles für mich macht. Danke, dass Ludwig heute so süß aussah mit seiner gestreiften bunten Strumpfhose, der kurzen Hose aus Schafwolle und dem gestreiften Oberteil. Danke, dass sein Geburtstag im Kindergarten nachgefeiert wird. Danke für Claudia, Sandra und Simona, die guten Seelen vom Kindergarten. Danke, dass wir uns hier schon so wohl fühlen und ich alle Nachbarn mag.

Danke! Danke! Danke!

Keynotes Dankbarkeit

1. Dankbarkeit schult deinen Geist, mehr Dinge wahrzunehmen, die bereits gut sind.
2. Morgens und abends ist ein optimaler Zeitpunkt, um Dankbarkeit zu üben, da das Unterbewusstsein zugänglicher ist.
3. Wichtig ist, detalliert aufzuschreiben und in dem Gefühl zu „baden".
4. Wissenschaftliche Untersuchungen haben gezeigt, dass dankbare Menschen gesünder und glücklicher sind.

Danke

Mein Gott, dieser kleine Körper auf meiner Brust,
Die Atemgeräusche, ich liebe es
Der Baby-Geruch der Haare und der Haut
Ich streichle den Rücken
sodass mein Mama-Glück mich umhaut
Wohlige Wärme durchströmt mein Herz
Keine Gedanken, kein Fehlen, keinerlei Schmerz
Pure Liebe zu diesem Geschöpf
Dankbarkeit und Demut, dass ich deine Mutter sein darf,
mein Herz leise klopft
Diese Momente voller Vollkommenheit
Was braucht man mehr in dieser Zeit?
Mein Kind und ich in Zweisamkeit,
Einfach zusammen genießen – zusammen sein
und der Himmel ist nicht weit
Danke- Danke- Danke

3. MAMA-GLÜCKS-IMPULS:

Mothering yourself

SEI DIR SELBST EINE EINFÜHLSAME MUTTER

Die erfolgreichsten und glücklichsten Menschen auf der Welt kultivieren Selbstmitgefühl. Sich selbst gegenüber wohlwollend und liebevoll zu begegnen und vor allem in den schwierigen Momenten aufzufangen ist ein Super-Skill.

EINE KLEINE **EINLEITUNG** ZU **MOTHERING YOURSELF**

Eines der Hauptthemen in meinen „Mindful Mom“-Entspannungskursen und -Coachings ist es, sich selbst eine gute Mutter zu sein. Die meisten können damit erstmal wenig anfangen, weil man es als Mutter gewohnt und seit Jahren damit beschäftigt ist, für alle anderen da zu sein, besonders für die Kinder. Sobald man Mutter wird, stellt man seine eigenen Bedürfnisse hintan, und es dreht sich alles um die Erfüllung der Bedürfnisse des Babys. Das ist auch sehr wichtig und dient einer gesunden Bindung und der bestmöglichen Entwicklung des Kindes. Wenn es jedoch jahrelang zu einseitig geschieht, d. h. Mutter und Vater vergessen komplett oder zu selten, auf die eigenen Bedürfnisse einzugehen und sich um sich selbst ebenfalls fürsorglich und liebevoll zu kümmern, entsteht oft Erschöpfung auf körperlicher, geistiger und seelischer Ebene. Unzufriedenheit und Frust, sogar körperliche Symptome, wie ständige Müdigkeit, Rücken- oder Kopfschmerzen können Folgen auf physischer Ebene sein. Die meiner Meinung nach schlimmste Folge: Die Lebensfreude schwindet. Man funktioniert nur noch als Eltern tagein-tagaus, jeder Tag, jede Woche ähnelt sich, und man „hält durch“ von Wochenende zu Wochenende, um dann vielleicht auch noch dem nächsten „Freizeit- Stress“ nachzujagen.

Durch die täglichen und jahrelangen Gewohnheiten, „nur“ für die Lieben da zu sein, und den vielen Herausforderungen als Eltern gerät man in einen nie endenden Stressstrudel. Wenn unser System gestresst ist, sind wir sehr unkreativ, was Selbstfürsorge angeht, und enden meistens, wenn sich ein Zeitfenster öffnet, entweder vor dem Fernseher, am Handy, beim „Emotionalen Konsumieren“ (Glück durch Shopping) oder emotionalem Essen (etwas ungesundes essen, um Glücksgefühle zu erzeugen). Diese vermeintlichen Glücksquellen sind von unserem Gehirn und Körper angeleitete Versuche, uns von außen erfüllende Gefühle zu holen.

Wir haben es schlichtweg nicht gelernt, wie man sich gut um sich selbst kümmert. Wie man von innen, unabhängig von äußeren Bedingungen und auf gesunde Art und Weise regeneriert, sich stärkt und ins Gleichgewicht kommt. Unseren Eltern war dieses Wissen ebenfalls nicht zugänglich. Auch sie haben es nicht gelernt und konnten somit kein Vorbild sein.

Die Bedürfnisse beider sind gleich wichtig: die der Eltern und die der Kinder. Als Mutter ist es essenziell, sich liebevoll und herzlich um sich selbst zu kümmern, damit man bestmöglich, topfit und glücklich für seine Familie und alln anderen im Leben da sein kann. Wie man mithilfe von Selbstmitgefühl das Leben mit den Kindern in voller Freude und trotz der vielen Herausforderungen genießen kann. Darum geht es in diesem Impuls.

Das erste Mal, als mir dieses „Konzept" begegnete, war während unserer Zeit in Amerika. Nachdem sich mein Englisch immer mehr verbesserte, eröffnete sich mir gefühlt eine neue zusätzliche Welt des Wissens. Ich hatte nun das Verständnis zu all dem weltweiten Wissen der Experten in den Themen der Selbstfürsorge und der Persönlichkeitsentwicklung. Meine Reise zu „Mindful Mom" begann. Ich entdeckte u. a. die Arbeit von Marisa Peer (eine britische Psychotherapeutin) – hier hörte ich die Botschaft nun ganz deutlich und zum erst Mal so, dass es auch in meinem ganzen System ankam:

Gib dir das, was du dir von anderen wünschst, selbst.

Sei deine eigene Mutter, deine eigene beste Freundin. Es fühlte sich sofort intuitiv richtig an, sich selbst all das zu geben, was man eigentlich von außen erwartet und sich wünscht. **Was für ein Empowerment!** Wenn man ständig von anderen und der Außenwelt erwartet, dass sie sich ändern sollen, bevor man selbst glücklich ist (bspw., dass sie sich öfter bedanken, dir besser zuhören, sich häufiger melden, fragen, wie es dir geht, wissen sollen, was dir wichtig ist), läuft man Gefahr, dass man sich die ganze Zeit in ein Mangelbewusstsein begibt und sich durch die negativen Gedankenkreisel, Bewertungen und Urteile in einer Negativspirale wiederfindet. Zusätzlich führt diese innere unbewusste negative Erwartungshaltung („das alles gibt mir die Außenwelt NICHT") zu selbsterfüllter Prophezeiung. D. h. die Außenwelt erfüllt deine negativen Erwartungen. Das ist ein natürlicher Vorgang in unserem neuronalen Netzwerk. Wenn man oft über bestimmte Themen nachdenkt, sich beschwert, Energie und Fokus darauf richtet, scannt unsere Wahrnehmung die Außenwelt verstärkt nach Beweisen für deine Annahmen und deine Wirklichkeit ab und bemerkt die andere Gegenseite nicht (das sogenannte ARAS – Aufsteigende Retikuläre Aktivierungs-System).

Du kennst diese Phasen. Du weißt ganz genau, dass es sich ganz und gar nicht gut anfühlt. Die einzige Frage, die dich sofort aus der „Opferrolle" hinauskatapultiert ist:

Gebe ich mir selbst das, was ich von meinem Gegenüber erwarte?

Die Antwort heißt meistens: Nein. Also ist es im Grunde, wenn man will, eine Entdeckungsreise, die dir zeigt, was du selbst so sehr brauchst und möchtest, um dich geliebt, anerkannt, wertvoll und ganz zu fühlen.

Das Verrückte daran ist, wenn wir anfangen, uns selbst alles zu geben, kommt es verstärkt dann auch von außen. Bspw. fängst du an, dich und deine Taten als Mutter anzuerkennen und dich bei dir selbst zu bedanken, fangen deine Kinder auch an, sich bei dir zu bedanken. Ich lade dich ein, es mir nicht sofort zu glauben, sondern es selbst auszuprobieren (siehe die Übung auf der folgenden Seite).

SICH SELBST **EINFÜHLSAMKEIT** SCHENKEN

Was heißt das nun genau, für sich selbst wie eine Mutter oder beste Freundin zu sein?

Es kann bedeuten:

- mit dir selbst zu sprechen, wie du mit deinem Kind sprichst (Gedanken/innerer Dialog/und laut aussprechen (Spiegel-Arbeit))
- sich selbst loben
- sich selbst Danke sagen – nichts für selbstverständlich halten
- sich motivieren/mit liebevollen Worten aufbauen/auffangen in schlechten Momenten
- um den eigenen Körper/Bedürfnisse kümmern
- Spaß haben allein und mit anderen
- sich selbst zuhören, wirklich zuhören, nach innen schauen – die innere Stimme wahrnehmen
- die eigenen Gefühle annehmen, sie akzeptieren, so wie sie sind, sie wertfrei fühlen
- sich selbst bedingungslose Liebe geben (wie deinem Kind), egal wie unperfekt dein Verhalten gerade war
- liebevoller Umgang mit sich selbst, statt kritisieren ermutigen, aus Fehlern lernen zu dürfen
- sich selbst Fehler erlauben und vergeben in dem Wissen, dass man dadurch wächst (wie dein Kind)
- herzlich zu sich selbst zu sein
- Nein zu sagen, wenn man dadurch Ja zu sich selbst und seinen Bedürfnissen sagt

Übung
MOTHERING YOURSELF

Jetzt darfst du selbst auf Entdeckungsreise gehen und dich von außen beobachten: all die Taten, all die Liebe, all das Kümmern, das du deinen Lieben schenkst, darfst du auch dir selbst schenken.
Frage dich selbst:

Wie zeige ich meinem Kind meine Liebe?

Wie tröste ich es, wenn es traurig ist? Was genau sage ich zu meinem Kind in diesen Momenten?

Wie motiviere ich mein Kind? Welche Worte benutze ich?

Wie bringe ich mein Kind ins Bett? Welche Rituale sind mir wichtig, welche Stimmung kreiere ich in der Zu-Bett-Geh-Situation?

Wie und wann feiere ich mein Kind? Wie zeige ich meine Freude, was sage ich, wenn etwas Wundervolles passiert?

Welches Essen bereite ich meinem Kind zu? Was ist mir dabei wichtig? Warum ist mir das wichtig?

Worauf achte ich, wenn es um Körperpflege/körperliche Bedürfnisse geht, wie trinken/essen/auf Toilette gehen/duschen oder baden etc.?

Wie zeigst du anderen Menschen in deinem Leben (Partner, Eltern, deiner besten Freundin, weitere Familie/Freunde etc.), dass sie dir wichtig sind, dass du sie magst, dich für sie interessierst?

Alle antworten, die du hier exploriert hast, kannst du nun auf dich selbst übertragen. Gönn dir selbst mehr Zeit, Zuwendung, Anerkennung, Selbstfürsorge und Liebe, die du deinem Kind jeden Tag zeigst/gibst und schenkst. Durch deine Antworten hast du nun Klarheit und Ansatzpunkte, wie du dich selbst um dich selbst kümmern kannst. So kannst du dich wiederum gestärkt voller Power, voller Lebensfreude, Energie und Herzlichkeit jeden Tag um deine Schätze kümmern, so wie du es im Herzen spürst. Und es gelingt dir auch, weil du dich zuvor und zwischendurch immer mal mit Energie und Kraft von innen stärkst. Erinnere dich, das regelmäßig zu tun. Du darfst dir Zeit für dich selbst schenken!

So möchte ich in Zukunft für mich selbst liebevoll da sein:

Keynotes Mothering Yourself

1. Behandle dich selbst als deine eigene beste Freundin oder liebevolle Mutter.
2. Wähle mitfühlende Worte dir selbst gegenüber.
3. Sei herzlich und milde zu dir, besonders wenn du Fehler machst.
4. Führe positive Selbstfürsorge-Rituale ein. Orientiere dich dabei an den Antworten aus der Übung.
5. Kümmere dich um deine Gedanken- und Gefühlswert.
6. Nimm dich selbst als wertvoll und liebenswert an und schenke dir selbst Zeit.

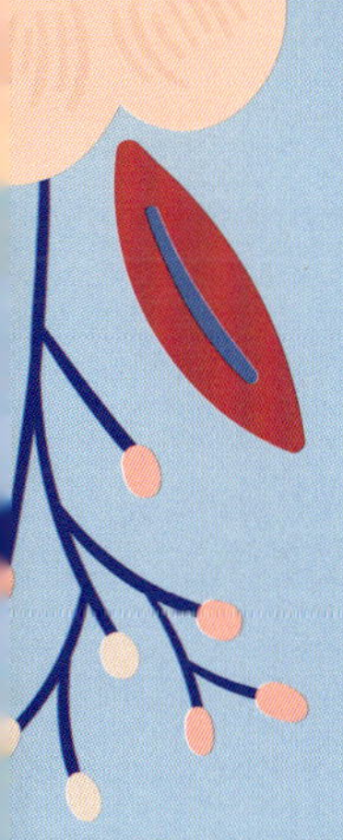

Das innere Kind

Es will gehört werden, gesehen und geliebt
Das innere Kind
Es ruft und meldet sich, immer wenn es dir nicht gut geht
Das innere Kind
Jedes Mal, wenn dich ein Gefühl quält
Es ist dein inneres Kind
Jedes Mal, wenn dich ein schlechtes Gewissen plagt
Es ist dein inneres Kind
Jedes Mal, wenn du dich als Versagerin fühlst
Es meldet sich mit seiner seelischen Wunde
Das innere Kind
Jedes Mal, wenn du denkst und glaubst, dass du nicht gut genug bist
Es ist das innere Kind
Jedes Mal, wenn dir Lebensfreude fehlt
Dein inneres Kind
Es ruft zum Spielen, zum Lachen, zum Sein
Jedes Mal, wenn du nach Anerkennung lechzt
Meldet sich dein inneres Kind
Dass du ihm/dir selbst die Anerkennung schenkst
So unschuldig, fragend nach bedingungsloser Liebe
Schau nach innen und schenk dir selbst alles, wonach du ein Verlangen spürst
So können alle seelischen Verletzungen deines inneren Kindes
heilen und integriert werden
Ihr gehört unweigerlich zusammen – du und dein inneres Kind.

4. MAMA-GLÜCKS-IMPULS:

Selbstvertrauen

UMGANG MIT DEN ZWEIFELN AN DIR ALS MUTTER

Durch die innere kritische Stimme, zu hohe Erwartungen an uns selbst und die Vergleiche mit anderen Müttern zweifeln wir oft an uns. Diese Gefühle ohne Bewertung wahrzunehmen und sich gleichzeitig von innen zu stärken sind Keypoints für unser Selbstvertrauen.

EINE KLEINE **EINLEITUNG** ZUM **SELBSTVERTRAUEN**

In jedem meiner Kurse berichten die meisten Mütter, dass sie an sich und ihren Fähigkeiten als Mutter zweifeln und sich oft als Rabenmutter fühlen, wenn etwas nicht gut läuft. Viele erzählen, dass sie denken, nur ihnen gehe es so und alle anderen Mütter schaffen es besser, das Mama-Dasein zu meistern. Sehr erleichternd und heilsam erleben sie die Erfahrung im Austausch während der Gruppenkurse, dass es anderen Müttern genauso geht oder sogar noch schlimmer.

Sehr oft verurteilen und kritisieren wir uns selbst, wenn wir Fehler machen und uns als Mutter nicht als „perfekt ansehen" können. Das geht sogar bis zu Gefühlen des Selbsthasses – was mich sehr erschreckt und zugleich motiviert, mit meiner Arbeit weiterzumachen.

Jede Mutter, auch ich, kennt diese Zweifel, diese so heftige Kritik sich selbst gegenüber, das Heruntermachen, wenn wir einen Fehler machen. Unsere innere Perfektionistin geht sehr hart mit uns ins Gericht und lässt uns jeden Abend sehen, was man nicht geschafft hat und was man hätte besser machen können. Das bedeutet nicht, dass wir nicht weiterwachsen und uns weiterentwickeln sollen. Doch es geschieht in einem sich selbst gegenüber mitfühlenden, liebevollen und herzlichen Umfeld viel einfacher und schneller. Das weißt du auch von deinen Kindern. Ihnen bieten wir genau dieses Umfeld. Die harte Kritik und das Niedermachen lassen uns deprimiert zurück, rauben Kraft und Energie und jegliche Lebensfreude.

Es ist wichtig, dass wir uns vor Augen führen, dass es menschlich ist, Fehler zu machen. Dies ist eine menschliche Erfahrung. Jeder Elternteil macht diese Erfahrung.

Doch warum machen wir das eigentlich? Warum sind wir zu uns selbst so hart und geißeln uns für jeden Fehler als Mutter immer wieder. Die meisten haben eine Erziehung erfahren, in der unerwünschtes Verhalten und Fehler bestraft wurden, weil unsere Eltern es ebenfalls so und meistens noch härter erfahren haben.
Zudem ist es hilfreich, wenn man sich vor Augen führt, dass wir unsere Kinder immens unter Druck setzen, wenn wir versuchen, perfekt zu sein. Denn sie könnten denken, sie müssten auch perfekt sein. Hilfreicher ist es, wenn wir vorleben, dass wir mit uns selbst mitfühlend sind, wenn wir einen Fehler gemacht haben. Fehler sind menschlich und es ist okay, Fehler zu machen und dabei zu wachsen. Es ist eine menschliche Erfahrung, dass wir Fehler machen und nicht perfekt sein können. Vielleicht spürst du gerade den Widerstand, der sogar diese Aussage nicht annehmen mag? Da meldet sich deine (und meine) innere Perfektionistin.

Übung

BEWUSSTWERDUNG DER AKTUELLEN SITUATION

In welchen Situationen fühlst du dich klein, machst dich selbst klein, ziehst dich runter, wenn dir z. B. etwas nicht gelingt in deinem Mama-Alltag? Bei welchen Fehlern richtest du dich so sehr und verurteilst dich unheimlich?

Der erste Schritt zur Veränderung ist immer die Bewusstwerdung der aktuellen Verhaltensmuster. Nimm dir ein paar Minuten Zeit, um das zu explorieren, und schreibe alles auf, was dir zu diesem Thema einfällt: Wann bist du hart zu dir? Welche Fehler kannst du dir nicht vergeben? Wie sprichst du innerlich mit dir, wenn dir etwas nicht gelingt?

Beispiele für mitfühlende und stärkende Sprache mit sich selbst

Nach dem Brainstorming setze dir selbst eine Intention, dass du ab jetzt in solchen Situationen dir selbst als die beste Freundin, die tollste Mutter an deiner Seite, deine eigene Supporterin voller Respekt, Mitgefühl und Wertschätzung begegnest! Bei jedem Gedanken, der dich klein macht und dich herabwürdigt, lenkst du ab sofort ein und sprichst bewusst etwas Stärkendes in einer mitfühlenden Sprache zu dir selbst. Beispiele, die du in deinen Alltag integrieren kannst:

- Anrede an dich selbst: Süße.
- Das ist jetzt eine schwierige Situation. Das ist ein schwieriger Moment.
- Es ist okay, dass du dich gerade so fühlst.
- Es ist menschlich, Fehler zu machen und unperfekt zu sein.
- Jede Mutter macht solche Erfahrungen.
- Jeder Mutter geht es manchmal so.
- Es ist okay.
- Du darfst Fehler machen und wachsen.
- Es waren schwierige Umstände, die du zu dem Zeitpunkt zu bewältigen hattest.
- Schon längst vergeben und vergessen.
- Ich vergebe mir, nicht perfekt zu sein. Ich darf mir Fehler vergeben.
- Du warst die beste Mutter, die du in diesem Moment sein konntest.
- Du bist eine wundervolle Mutter, du gibst jeden Tag dein absolut Bestes!
- Ich bin wundervoll, auch wenn ich unvollkommen bin.
- Ich weiß, es tut weh, aber es wird nach und nach besser und leichter werden.
- Ich nehme dich genauso an, wie du bist, mit all deinen Fehlern.

Es können auch einzelne Wörter sein, die dir guttun. Wichtig ist, dass du innerlich fühlst, dass das Wort/der Satz dich stärkt, dir individuell entspricht und mit dir resoniert. Du spürst förmlich die Resonanz. Hilfreich ist es, dich zu fragen, wie du mit deinem Kind sprechen würdest, wenn es sich für einen Fehler verurteilen würde.

Erinnere dich immer an diese Sätze oder Wörter, wenn du dich mal wieder klein machen solltest. Vor allem, wenn du dir wie eine Rabenmutter vorkommst und wenn du Fehler machst! Benutze die Worte und Sätze als Anker, um dich wieder innerlich aufzufangen.
Am Anfang kann es sich erst sehr komisch anfühlen, doch nur, weil es für unser Gehirn ungewohnt ist, in einer liebevollen Art und Weise zu uns selbst zu sprechen. Unser gesamtes Leben lang reden wir hart und sehr kritisch mit uns selbst. Es wird jedoch immer leichter, wenn du dranbleibst, und wirkt sich mit der Zeit unfassbar heilend und stärkend auf dich aus, und zwar nachhaltig von innen.

Übung

MEINE POWERSÄTZE

Schenke dir deine eigenen Powersätze, die dich stärken, sich stimmig für dich und deine innere Wahrheit anfühlen. Finde ein paar authentische Sätze, die zu dir passen und du ab jetzt benutzen möchtest.

Wähle mitfühlende und aufbauende, verständnisvolle und urteilsfreie Sprache. Stell dir vor, wie du mit deiner allerbesten Freundin sprechen würdest, die gerade einen riesengroßen Fehler gemacht hat und sich jetzt sehr schlecht und mies fühlt. Was würdest du ihr sagen?

BEISPIEL: MEINE EIGENEN ZWEIFEL

Es ist vollbracht, aus meinem Herzen gesprochen und so vieles gesagt – wie konnte ich nur an dem Wert dieser Seelenarbeit zweifeln? Diesen Gedanken des Zweifelns, des niederschmetternden Zweifelns nur annähernd zu glauben? Das Gefühl, nicht gut genug zu sein und sich in sich verkriechen zu lassen ist eine selbstgewählte, unachtsam zugelassene *Hölle* – sich so, so klein zu fühlen, so schlecht, wertlos, unfähig und ungenügend, einfach ungenügend. *Wer glaubst du eigentlich, wer du bist?* Sagt die Perfektionistin immer und immer wieder in mir. Vergebung vor allem dafür, dass man sich in solchen Momenten von sich selbst, dem reinen unschuldigen Wesen, dem inneren Seelenkind abwendet, abwertet, verurteilt, negativ beurteilt ohne Herzlichkeit, Güte und jegliches Mitgefühl.

Doch es braucht nur eine kurze in sich gehende Stille, Atmen, Sein, die Aufmerksamkeit auf das Herz/die Herzensintelligenz richten – mitfühlende und aufbauende Sprache an mich selbst:

Du bist nicht perfekt in dem, was du tust, okay, aber du bist gut genug, es ist gut genug. Du hilfst Müttern, du schenkst ihnen mehr Leichtigkeit und Glück, schau dir an, wie wertvoll das ist. Es ist okay, dass du zweifelst, es bedeutet, dass es dir sehr wichtig ist, dass du den bestmöglichen Input an die Mütter rausgeben möchtest, dein Bestes, um bestmöglich zu dienen. Du machst alles wunderbar. Mach weiter. Du und dein Tun, all dein Tun, sind wahrhaftig.

Dann ist es da, die Klarheit über die Wahrhaftigkeit deiner Schönheit, deiner Seelenimpulse, verkörpert und ausgedrückt durch Poesie, Geschichten und Wort. Aus den Tiefen deines Herzens, verbunden mit unten und oben. Gefühlt, endlich erfüllt von dir.

Möge ich stets an meine Wahrhaftigkeit glauben.

Übung

BEWEISE DEINER INNEREN ZWEIFLERIN, WIE WUNDERVOLL DU BIST!

Um deinen Zweifeln „Gegenbeweise" zu liefern, dass du ganz wundervoll, wunderschön und auf allen Ebenen liebenswert bist, beantworte folgende Fragen und lies sie dir jedes Mal durch, wenn dich Selbstzweifel belasten. Deine Antworten kannst du immer weiter ergänzen.

Was funktioniert in deinem Leben bereits gut?

Wo ist es leicht, fließend und voller Freude?

Welche Tätigkeiten verrichtest du tagtäglich und unermüdlich für deine Lieben und euer Familienleben?

Welche Beziehungen funktionieren gut und warum?

Was magst du an dir selbst? Was schätzt du an dir selbst? (Doch, es gibt bestimmt etwas!) Wichtig: Die Eigenschaften müssen nicht die ganze Zeit vorhanden sein. Frage gerne auch deine engsten Freundinnen, Eltern, Familie, was sie an dir besonders schätzen. (Wenn du dich nicht traust: Sag ihnen, du machst gerade eine Fortbildung für Persönlichkeitsentwicklung.)

Was ist wahrer Erfolg für dich? Was bedeutet das genau für dich und deine Werte?

Wo bist du in deinem Leben bereits erfolgreich? Wo lebst du voll und ganz deine Werte? In welchen Bereichen möchtest du es verstärkt tun?

Liste alles auf und genieße es, wenn dir bewusst wird, wie erfolgreich du in deinem Mama-Leben bereits bist! Und wie viel du tust und gibst. Lies deine Antworten immer dann durch, wenn der Zweifel oder die innere Kritikerin sich meldet. Wenn du den Effekt verstärken möchtest, lies es dir auch in guten Zeiten (so oft es geht) durch und ergänze die Antworten. Das gibt dir Energie und Herzlichkeit jeden Tag, um dich um deine Schätze zu kümmern, so wie du es im Herzen spürst. Und es gelingt dir auch, weil du dich zuvor und zwischendurch immer mal mit Energie und Kraft von innen stärkst. Erinnere dich, das regelmäßig zu tun. Du darfst dir Zeit für dich selbst schenken!

Keynotes Zweifel

1. Zweifel ist wie jedes Gefühl nur ein Anteil von dir, Du bist die Wahrnehmende des Gefühls.
2. Achtsames Wahrnehmen des Gefühls, ohne zu bewerten oder zu verurteilen, ist hilfreich.
3. Heiße das Gefühl willkommen und übe damit zu sein. „Umarme ES".
4. Suche Gegenbeweise dafür, wie erfolgreich du bereits in deinem Mama-Leben bist.
5. Wähle eine mitfühlende Sprache, wenn du an dir selbst zu zweifeln beginnst.
6. Wissenschaftliche Untersuchungen haben gezeigt, dass das Praktizieren von Selbstmitgefühl eine der wichtigsten Skills für innere Zufriedenheit und Resilienz auf allen Ebenen ist.
7. Benutze deine Power-Sätze aus der Übung als Anker.

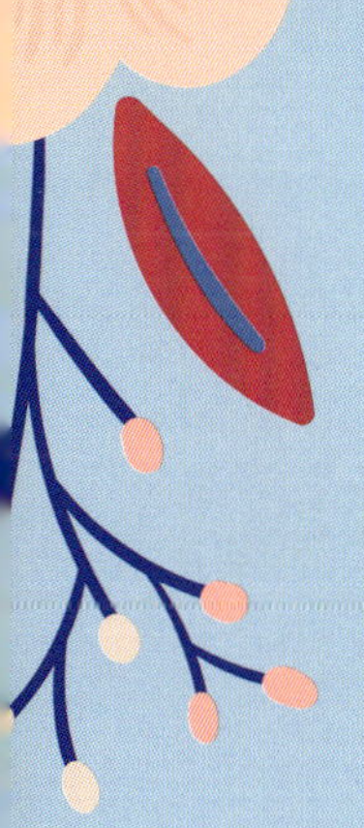

Wahrer Erfolg

Glücklich im Hier und Jetzt
Ich bin erfolgreich- das weiß ich jetzt
Drei unfassbar große Seelen habe ich geboren
In ihrem Sein liegt das große Geheimnis des Lebens verborgen
Sie sind im Moment des Lebens am glücklichsten
Verschieben Spaß niemals auf ein Wenn
Gesegnet bin ich mit einer unfassbar schönen Ehe
In der man stetig zusammen wächst und liebt und die Sorgen leicht verwehen
Wir tanzen durch das Leben - hast du einmal gesagt
Das berührt mein Herz, jedes Mal, wenn ich daran denken mag
Wir sind gesund und glücklich und leben nach unseren Werten
Wir haben wunderbare Beziehungen zu Familien und Freundschaften
Ein wunderschönes Zuhause, Natur und Tiere um uns herum
Herzliche Menschen begegnen uns jeden Tag, sodass ich vor Glück verstumm'
Wir dürfen unsere Berufung leben und unsere Leidenschaft
Wenn man aufwacht, alles wofür man dankbar ist, sich kurz bewusst macht
Zu schnell man im Alltagsstress es sonst vergisst
Wir leben unser Familien-Traumleben in Leichtigkeit, Achtsamkeit und Genuss
Ist das nicht die schönste Art zu leben?
Dein eigenes erfolgreich, ohne ein Bedauern bis zum Schluss
dich selbst an alle zu vergeben

ICH BIN ...

Abknutscherin, Kuschlerin, Spielsachen-Repariererin, Köchin, Putzfrau und Hausmädchen, wegen zu viel Chaos auch mal Ausrasterin, Vergeben-Vegesserin – mittlerweile auch sich selbst, wieder Chaos-Beseitigerin, Tränen-Trocknerin, Geschichten-Erzählerin, Vater-unser-im-Himmel vor dem Schlaf -Vortänzerin, Geburtstagskuchen-nach-Wunsch-Thema-Bäckerin, Dekorateurin, Lehrerin, Welt-Erklärerin, Playmobil-Spielgefährtin, „Big Wisdom" beim Cowboy & Indianer-Spielerin, Königliche Dienerin, drei bis 4 Mal täglich Büfett-Zubereiterin, Durchkitzlerin, Auf-dem-Arm-und- Huckepack-Trägerin, Zu-den-Ziegen-und- Hühnern-Begleiterin, „Meine Besten"-Nennerin, Zahnpflegerin, alles am Sein und Körper meiner Besten-Bewunderin, Quatsch-Macherin, durch warme Sommerpfützen Barfuß-Läuferin, Schneeengel-Macherin und In-den-Himmel-Schauerin, Glitzerstaub-Hochwerferin, zum Lieblingsbaum-Wanderin, Trösterin, „Luftikus darf nicht auf den Boden"-Mitspielerin, Verkleidungs-Sachen-Anzieherin und -Mitspielerin, Blümchen-Pflanzerin/-Pflückerin, mit 3 Kids und Kinderwagenschieben-Joggerin, Annehmerin, auf die Geburtstags-krone-Zahl-Aufnäherin, Fußball-Mitspielerin, Raketen-Hochstemm-Spielerin, Abknutscherin, Abknutscherin und nochmals Abknutscherin, ich bin „Mindful Mom" und so vieles mehr..

Ich bin Mutter und ich liebe es!!!

Übung

DU BIST SO VIEL FÜR DEINE FAMILIE.

Was bist du alles für deine Schätze/deine Lieben/deine Familie??? Es tut nicht nur gut, zu sehen, was du alles wuppst, sondern du hast für später auch eine wundervolle Erinnerung, wie dein Alltag mit deinen Schätzen ausgesehen hat.

Fang an zu schreiben:

Ich bin:

Du bist genug.
Du bist wertvoll. Du bist eine
wundervolle Mutter.

5. MAMA-GLÜCKS-IMPULS:

Gelassenheit

UMGANG MIT NEGATIVEN GEDANKEN

Was wir den ganzen Tag lang denken bestimmt unsere Gefühle und unsere Handlungen. Die eigenen Gedanken zu beobachten und die, die einem Schwere geben, aufzulösen, schenkt ganz viel Gelassenheit für den Mama-Alltag.

ES IST NUR EIN GEDANKE – EINE KLEINE EINLEITUNG

Jedes Mal, wenn du merkst, dass ein schweres Gefühl aufkommt, sag dir sofort innerlich: Es ist nur ein Gedanke.

Jedes Mal, wenn etwas schief geht und du schon die Wut aufsteigen spürst, sag dir innerlich diesen Satz. Du wirst sehen, wie das schwere Gefühl mit etwas Übung wieder geht.

Jeder Gedanke führt zu einem Gefühl, das wiederum bestimmt, wie du handelst. In dieser Grafik wird das verdeutlicht:

Wir haben ca. 60.000 – 70.000 Gedanken am Tag, und das Verrückte daran ist, dass die meisten Gedanken, die du heute gedacht hast (ca. 90 %), dieselben sind wie gestern. Hört sich unwahr an, und du denkst bestimmt gerade „Das kann gar nicht sein, es ist doch jeden Tag etwas anderes los". Doch es ist wissenschaftlich bewiesen. Da wir jeden Tag unbewusst im Autopilot-Modus agieren, laufen in unserem Geist alte Muster wiederholt ab, die wir bereits als vorgefertigte Bewertungen über uns, andere und die Welt gefestigt haben. Wenn wir jeden Tag fast dasselbe denken, diese Gedanken die gleichen Gefühle aufsteigen lassen wie Frust, Wut, Erschöpfung, Überforderung und Unzufriedenheit bis hin zu depressiven Phasen und diese wiederum zu den gleichen Handlungen führen: Wie können wir erwarten, dass sich dann etwas ändert?

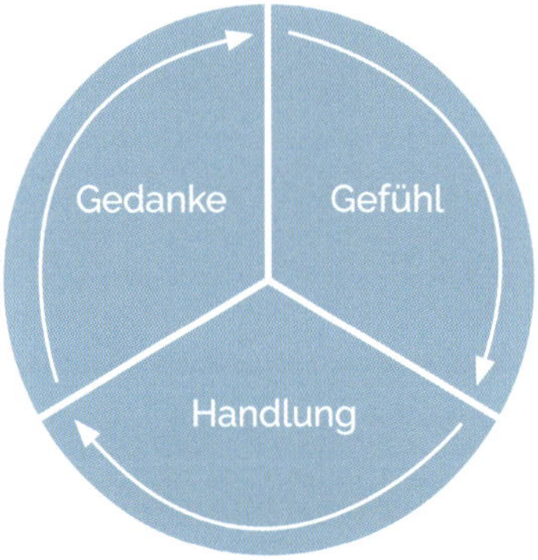

Es ist ein Ding der Unmöglichkeit: Wir erwarten, dass das Außen sich verändert (die Kinder, der Partner, die Schwiegereltern, die Freundin, die Kollegin, der Nachbar, die Politiker etc.), damit es uns besser geht und wir dann glücklich sind. Das kann jedoch nicht geschehen, wenn wir dieselben bleiben (gleiche Gedanken = gleiche Gefühle = gleiche Entscheidungen/Bewertungen/Handlungen = gleiches Ich = gleicher Alltag).

Zusätzlich dazu geben wir damit unsere ganze Macht ab, indem wir unser Glück davon abhängig machen, wie sich andere Menschen in unserem Leben verhalten, somit rutschen wir in die Opferhaltung und fühlen uns machtlos, ohnmächtig, depressiv und traurig.

But the good news: Es geht auch anders!

DU SELBST **BESTIMMST,** WIE **GLÜCKLICH DU BIST**

Eine der bedeutendsten Studien, die mich und meine Arbeit geprägt hat, ist eine Studie aus der Glücksforschung. Ich lernte sie während einer Fortbildung an der University of Yale kennen. Die Studie zum Thema „Persönliches Glück" besagt, dass die äußeren Umstände nur bis zu 10 % unseres Glücksniveaus ausmachen, 50 % gibt unsere DNA vor und – jetzt kommt die allerwichtigste Erkenntnis – die restlichen 40 % unseres Glücks hängen davon ab, wie wir die Dinge bewerten, was wir darüber denken, fühlen und was wir daraus machen!

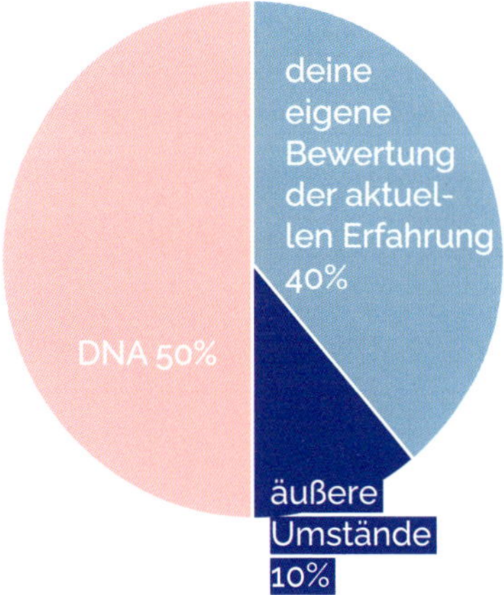

Sind das nicht großartige Neuigkeiten? Du selbst entscheidest und du bestimmst maßgeblich, wie glücklich du bist! Einen großen Anteil daran haben unsere Gedanken und Gefühle.

Dabei ist in keinster Weise die Rede von Schuld, sondern im Gegenteil deine Ermächtigung für dein eigenes Glück, und zwar egal, was dir im Außen als Herausforderung begegnet. Egal, wie viel Stress dein Familienalltag mit sich bringt, es gibt Wege, um trotzdem die Leichtigkeit immer wieder einzuladen und zu leben. Es ist wie bei allem anderen, das man neu erlernt. Man muss es „nur" einüben. Zusätzlich dazu erinnere dich an die Tatsache, dass unser animalischer Anteil unseres Gehirns nun mal so tickt. Er ist besonders sensitiv Stressfaktoren gegenüber, um eine mögliche Gefahr schnellstmöglich zu erkennen und darauf bestmöglich eingehen zu können („survival brain").

Wenn wir bewusst mit unserer Gedankenwelt umgehen, können wir sie gezielt in Richtung positiver Gefühle induzieren und lernen, die Dinge anders zu bewerten. Also vergiss nicht: Du hast die Power, deinen Alltag so zu gestalten und dein Leben so zu leben, wie du es möchtest – du führst die Regie in deinem Leben. DU BIST DER BOSS!

Dennoch fällt es uns so oft so schwer (mir auch), uns von unseren Gedanken und den äußeren Umständen nicht beeinflussen zu lassen. Das liegt daran, dass wir uns mit unseren Gedanken identifizieren. (Zur Erinnerung: Achtsamkeit lehrt, sich davon zu desidentifizieren, Gedanken ziehen zu lassen, vor allem die, die belasten.)

GLAUBENSSÄTZE

Es gibt Glaubenssätze (= häufig gedachte Gedanken), die wir seit unserer Kindheit verinnerlicht haben und seit Jahren so oft in unseren Gedanken wiederholt haben, dass wir sie als die absolute Wahrheit annehmen. Die Glaubenssätze sind in unserem Unterbewusstsein gespeichert: Alles, was du über dich selbst, die Welt und dich zu glauben denkst. Beispielsweise alles, was du glaubst, nicht gut zu können, all deine Annahmen über Männer, Frauen, Geld etc. Männer sind ... Frauen sind .... Sind was? Geld ist.... was? Eine gute Mutter sollte...was? Was fällt dir dazu spontan ein? Das sind deine Glaubenssätze.

Die positiven Glaubenssätze sind dabei kein Problem, z. B. hast du in deiner Kindheit vielleicht von deiner Mutter oder Oma oder einer anderen Bezugsperson gehört und verinnerlicht, dass du stark und mutig bist, künstlerisch begabt oder sportlich.

Es sind die negativen Glaubenssätze, die uns so oft so schwer im Alltag belasten, wie z. B.:

- Ich bin nicht genug.
- Ich bin nicht wertvoll.
- Ich bin keine gute Mutter.
- Ich bin nicht fleißig genug/nicht schlank genug/nicht erfolgreich genug/nicht ordentlich genug etc.
- Ich muss alles alleine machen.
- Keiner sagt mal ein Dankeschön.

„Ich bin nicht genug" ist bei vielen Menschen ein tiefsitzender Glaubenssatz, der die innere kritische Stimme antreibt, sodass wir es vollkommen verlernt haben, genüsslich nichts zu tun. Vor allem, sobald man Mutter wird, versucht man jede einzelne Minute mit dem „Abarbeiten" von den Hunderten To-dos zu füllen. Da wir dem Gedanken glauben, wir würden sonst nicht alles schaffen. So findet man sich in einem Hamsterrad wieder, ohne Lebensfreude, grimmig, die Kids anmeckernd, danach sich deswegen verurteilend und völlig unzufrieden. Und wenn man etwas ändern möchte, weiß man nicht wie, denn die Gedanken sagen: Aber es muss doch alles erledigt werden.

Belastende Gedanken über andere können beispielsweise sein:

- Mein Mann hört mir nie zu.
- Meine Schwiegermama sollte ...
- Meine Mutter sollte nicht ...
- Immer macht sie das/nie fragt sie nach.
- Meine Freundin meldet sich nie/zu selten.

Stöbere bei dir mal selbst durch, was du über die anderen in deinem Leben denkst, das sich nicht gut anfühlt. Welche Gedanken belasten dich/was nervt dich bei deinen Eltern? Bei deinen Freunden? Deinen Kollegen? Anderen Müttern? Dir selbst?

Wie du mit belastenden Gedanken umgehen kannst

Ich möchte dir anhand eines Beispiels das Tool The Work von Byron Katie vorstellen. Es ist eine Art Erkundung/eine Selbsterforschung deiner inneren Gedankenwelt, deines Glaubenssystems und die Herausarbeitung deiner authentischen Wahrheit. Diese ist stärkend, positiv und inneren Frieden schenkend. Eine Wahrheit, die auch bereits da ist und mit den eigenen Werten korreliert. Im Gegensatz zu dem, was unser Ego, unser Verstand, uns vorgaukelt, indem er Beweise für die Untermauerung des belastenden Gedankens liefert. Wenn wir unseren belastenden Gedanken glauben, führt es gedanklich und gefühlt zu mehr Distanz und einer Trennung von deinen Liebsten, dir selbst und letztendlich von deinem persönlichen Glück. Die folgenden vier Fragen helfen schrittweise bei der Auflösung des belastenden Gedankens.

Die vier Fragen

1. Ist das wahr?
2. Kannst du mit absoluter Sicherheit wissen, dass das wahr ist?
3. Wie reagierst du, was passiert, wenn du diesen Gedanken glaubst?
4. Wer wärst du ohne den Gedanken?

Beispiel Glaubenssatz:
„Ich bin keine gute Mutter."

Ist das wahr? Hier sagt dein Verstand vielleicht: Ja, das stimmt. Ich bin wütend geworden und habe mein Kind angeschrien. Dieses unschuldige Kind. Wie konnte ich nur?

Kannst du mit absoluter Sicherheit (zu 100 %) wissen, dass das wahr ist?

Hier wackelst du vielleicht schon etwas, weil es ja auch viele Sachen gibt, die du supergut als Mama machst. Aber auch wenn nicht, kommt vielleicht auch hier ein deutliches „Ja". Alles darf da sein, wie du es fühlst und denkst.

Wie reagierst du, was passiert, wenn du diesen Gedanken glaubst?

Ich bin traurig. Eine Schwere liegt auf der Brust und im Magen. Mein Gesicht ist angespannt, die Augenbrauen nach innen gezogen, die Stirn fühlt sich angespannt an, der Kopf ist schwer. Ich fühle mich wie eine Rabenmutter und denke: Ich muss unbedingt meine Wut in den Griff bekommen. Ich bin niedergeschlagen, lustlos, in mich gekehrt, weitere negative Gedanken kommen hoch. Ich verurteile mich zutiefst dafür und mag mich überhaupt nicht. Ich fühle mich sehr klein und als ob ich etwas ganz Schlimmes getan habe. Ich arbeite die Dinge lustlos ab und bin in einer Niedergeschlagenheit und negativen Gedankenwelt „gefangen". Ich trage es den ganzen Tag mit mir rum und denke abends noch daran und schlafe mit einem negativen Gefühl ein.

Wer wärst du ohne den Gedanken?

Ich würde mir im selben Moment selbst vergeben, wie ich es bei meinen Kindern tue: Schon längst vergeben und vergessen! Ich würde meinem Kind erklären, dass es nichts mit ihm zu tun hat, sondern dass Mami gerade wütend war, weil mir in dem Moment etwas anderes auch wichtig war oder weil ich etwas müde war. Ich würde mich entschuldigen, dass ich wütend war. Ich würde mit meinem Kind unser „Peace-Zeichen" machen.

Meine Wut würde ich annehmen, ohne zu urteilen, und sie nochmal willkommen heißen. Wenn es passt, vielleicht kurz nachfühlen, welches Bedürfnis in mir da ist und es registrieren, um es, wenn die Zeit dafür da ist, mich um meine Bedürfnisse zu kümmern. Mit meiner Wut würde ich achtsam umgehen, d. h. mich nicht dafür verurteilen, mit einer Willkommenshaltung annehmen und das Gefühl auf der körperlichen Ebene beobachten. Vielleicht würde mir ein Bedürfnis klar werden, das zu wenig erfüllt wurde, oder ich würde die Wut aufsteigen und wieder gehen lassen, ohne dass ich etwas damit machen muss. Danach würde ich es loslassen und weiter mein Mama-Leben mit Leichtigkeit und Lebensfreude genießen. Mit den Kindern spielen und im Hier und Jetzt sein.

Der letzte Schritt ist sehr wertvoll und wirkungsvoll: am Ende der Selbsterkenntnis stehen die Umkehrungen. Du kehrst den ursprünglichen negativen Gedanken um:

- Ins Gegenteil
- In Bezug zu dir selbst
- In Bezug zu allem anderen (was mit dem Glaubenssatz zu tun hat)

Zu jeder Umkehrung suchst du nach mindestens drei Beispielen, GEGENBEWEISEN aus deinem Alltag, die deine authentische Wahrheit zeigen und nicht die Wahrheit des ursprünglichen negativen Gedankens.

5. Umkehrung ins Gegenteil: Ich bin eine wundervolle Mutter, weil ich mir so viel Zeit für meine Kinder nehme, zum Spielen oder um einfach Zeit mit ihnen zu verbringen. Ich liebe es, sie abzuknutschen, sie durchzukuscheln und durchzukitzeln. Ich liebe es, sie in ihrem So-Sein „aufzusaugen". Eines unserer Lieblings-Lachspiele ist das Raketen-Spiel. Ich bin eine wundervolle Mutter, weil wir fast jeden Abend etwas lesen, unsere Dankbarkeitsrituale machen und ich ihnen so oft sage und zeige, wie sehr ich sie liebe. Ich bin eine wundervolle Mutter, weil ich sie all ihre Gefühle – so oft es geht – ausleben lasse, sie – so selten es geht – begrenze und ihnen ganz viel Freiheit schenke in ihrem Tun und Sein. Ich liebe es, Mutter zu sein und genieße seit 9 Jahren eine Abenteuer-Familien-Zeit, an die wir uns immer erinnern werden. Ich bin eine gute Mutter, weil ich darauf achte, dass wir uns gesund ernähren mit viel Gemüse und Nüssen und kaum Zucker. Ich koche fast jeden Tag frisch. Ich bin eine gute Mutter, weil ich mit den Jungs viel draußen bin, wir oft zu Nachbars Ziegen und

Hühnern gehen und sie füttern (unsere „Ziegen-Hühner-Party"). Ich bin eine gute Mutter, weil ich auch liebevoll Grenzen setzen kann und ihnen beibringe, Verantwortung zu übernehmen. Unser Alltag ist von viel Lachen, Spielen, das Leben genießen und gegenseitigem Helfen geprägt. Ich bin eine gute Mutter, weil ich oft zustimme, dass Freunde bei uns sind, ich alle bekoche, mit allen Fangen und Ball spiele, die Hausaufgaben nachschaue. Ich bin eine gute Mutter, weil ich unseren Kindern so viel Freiheit schenke, gerne kreativ bin und gerne mit ihnen Quatsch mache, in ihre Welten eintauche und mich immer wieder mit ihnen verbinde. Ich bin eine wundervolle Mutter, weil ich meinen Schätzen so viel Zeit widme. Und sogar noch vieles mehr.

6. Umkehrung in Bezug zu mir selbst: Ich bin manchmal keine gute Mutter mir selbst gegenüber, wenn ich von mir erwarte, perfekt zu sein, nie negative Gefühle haben zu dürfen, wenn ich mir verbiete, wütend zu sein, wenn ich so hart mir selbst gegenüber bin und mich kritisiere, wenn ich es mal nicht geschafft habe, frisch und aufwendig zu kochen. Ich bin keine gute Mutter für mich selbst, wenn ich meine Bedürfnisse komplett zurückstelle und z. B. zu wenig trinke, vergesse, auf die Toilette zu gehen, oder mir selbst keine oder zu wenig Zeit gönne. Ich bin keine gute Mutter für mich selbst, wenn ich mich selbst abwerte, weil negative Gefühle da sind oder Verhaltensweisen, wie ungeduldig oder laut werden bei meinen Kindern. Ich fühle mich dann sehr schlecht, wertlos und mies.

7. Andere Umkehrungen auf andere bezogen, die intuitiv zum Thema passen: Meine Mutter ist eine gute Mutter, weil sie mir keinen Druck macht und nicht erwartet, dass ich mich immer melde. Sie ist immer dankbar, wenn ich mich melde. Sie ist eine gute Mutter, weil sie liebevoll und herzlich ist. Sie ist eine wundervolle Oma für meine Kinder, ich liebe es, wie sie mit ihnen umgeht, so herzlich. Sie ist eine gute Mutter, weil sie so großzügig ist und ihr für ihre Kinder und Enkelkinder nichts zu schade ist.

Wichtig: Bei der Suche nach Gegenbeweisen ist es essenziell, dass du authentische Beispiele suchst, die die „Gegen-Wahrheit" zeigen, denn damit hat dein System schwarz auf weiß, dass der ursprüngliche Gedanke, der dir Stress und Schwere gebracht hat, nicht wahr oder zumindest nur die halbe Wahrheit ist.

Es ist nur ein Gedanke!

Die Suche nach der positiven, stärkenden Wahrheit durch THE WORK führt zur Klarheit, die mit deiner innersten Herzens-Wahrheit korreliert. Der ursprüngliche Gedanke löst sich in Leichtigkeit auf, was so wundervoll befreiend ist. Diese Auflösung führt wieder zu einer Verbindung, stärkeren Nähe, dem Anderen gegenüber oder dir selbst.

Übung

MIT DEM TOOL „THE WORK“:

Nimm dir die Zeit für THE WORK, jedes Mal, wenn dich ein Gedanke über irgendetwas oder über irgendjemanden stresst.
Probiere es nun selbst aus.
TIPP: Fange nicht mit dem allerschwersten Gedanken an, es braucht zu Beginn etwas Übung, vor allem für die Umkehrungen. Sei geduldig mit dir und neugierig. Das nimmt dem Ganzen Druck, und eine zu hohe Erwartungshaltung wird vermieden. Nimm dir Zeit in Ruhe und in Stille, es ist eine meditative Übung. Wenn es geht, mach vor dem Erkundungsprozess eine kleine Entspannungsübung (zwei Minuten auf den Atem konzentrieren reicht schon). Das erleichtert sehr, deine Energie vom Denken („Verkopft-Sein“) ins Fühlen (Herz-Ebene) zu öffnen.

Deine Gedanken kreieren deine Gefühle.
Deine Gefühle bestimmen deine Handlungen,
diese kreieren dein Leben.

Ein negativer Glaubenssatz/ein Gedanke, der mich belastet:

Die vier Fragen

Ist es wahr?

Kannst du mit absoluter Wahrscheinlichkeit, zu 100 % wissen, dass dieser Gedanke wahr ist? Kannst du ihn zu 100 % beweisen?

Wie fühlst du dich, wie geht es dir, was passiert, wenn du diesem Gedanken glaubst? Wie fühlst du dich körperlich, geistig und seelisch? Wie verhältst du dich dir selbst gegenüber und anderen? Wie gestaltest du deinen Tag, wenn du dich von diesem Gedanken runterziehen lässt? Beschreibe ausführlich, alles, was dir dazu einfällt!

Wie würde es dir gehen, wenn du diesen Gedanken gar nicht denken könntest? Wie würde es dir gehen, wenn der Gedanke nicht existieren würde? Wer wärst du ohne den Gedanken? Liste alle Ebenen auf (Körper/Geist/Seele/Beziehung zu dir und den anderen).

Die Umkehrungen

Kehre den Ursprungsgedanken um ins Gegenteil und suche mindestens drei authentische Beweise für diese Wahrheit:

Beziehe den Ursprungsgedanken auf dich selbst (z. B. bei dem Glaubenssatz „Mein Mann hört mir nie zu." wäre die Umkehrung „Ich höre meinem Mann auch manchmal nicht zu.") Diese Umkehrung soll nicht dazu dienen, dass du ein schlechtes Gewissen bekommst, sondern lediglich aufzeigen, dass das Verhalten anderer auch bei uns selbst existiert. Jeder Mensch hat fehlerhaftes Verhalten. Du und ich, wir alle. Das ist menschlich.

Übertrage den Ursprungsgedanken bewusst dir selbst gegenüber. (Bspw.: Ich selbst höre mir nicht zu.) Suche Beispiele dafür! Suche authentische Beispiele für die Wahrheit.

TIPP: Wenn du nicht weiterkommst bei The Work, ist es empfehlenswert, die Website zu besuchen, dort sind viele Erläuterungen und Hilfestellungen. Zudem stehen dort weitere Übungen und kostenlose Arbeitsblätter zur Verfügung. Zusätzlich findest du dort alle Informationen zu Byron Katie und ihrer so wertvollen Arbeit.

Übung

MACHE DIR DEINE DESTRUKTIVEN GEDANKEN UND VERÄNDERE SIE

1. Schritt:

*Nimm dir einen Moment Zeit und denke an die schwierigsten Situationen aus deinem Mama-Alltag. Die Momente, die deinen Alltag und deine Beziehungen zu dir selbst, deinem*n Kind*ern und den Menschen aus deinem Inner Circle am meisten stressen, Energie rauben, herunterziehen oder in irgendeiner Art und Weise belastend sind. Identifiziere die typischen Gedanken, wenn du dich frustriert, wütend, unzufrieden, unzulänglich, ängstlich, ohnmächtig oder gestresst fühlst:*

Vielleicht hast du festgestellt, dass es oftmals ähnliche oder sogar dieselben Gedanken sind. Diese Gedanken sind in unserem neuronalen Netzwerk alte Muster, die jedes Mal in denselben Situationen ablaufen, wenn wir durch bestimmte Menschen/Situationen/Erfahrungen getriggert werden.

Um dieses Muster positiv neu zu überschreiben, ist der nächste Schritt, dir Gedanken zu überlegen, die dich stärken, dich in eine positive Richtung lenken, dir Leichtigkeit schenken und Verbundenheit mit deinen wahren Werten.

Du kannst dir jeden Gedanken aus Schritt 1 anschauen und dich fragen, was ist auf der anderen Seite dieses Gedankens, was kann ich stattdessen Stärkendes/Positives denken, was mit meiner inneren Wahrheit resoniert.

2. Schritt

Drehe die Gedanken von Step one um und finde deine Power-Gedanken, die du ab jetzt in deinem Alltag denken möchtest. Gedanken, die positive Gefühle in dir aufsteigen lassen, und Gedanken, die du denken möchtest und die dich stärken:

STEIGE AUS DEM GEDANKENKARUSSELL AUS: DIE HERZ-ATMUNG

Die Forschung der letzen 40 Jahre zu unserem Herz hat gezeigt, wie groß die Bedeutung seiner Wechselwirkung zu unserem Gehirn ist. Früher hat man angenommen, dass vor allem unser Gehirn alles steuert. Doch neuere Studien haben gezeigt, dass das Herz eine entscheidende Rolle für die Funktion unserer Gedanken- und Gefühlswelt hat. Wenn wir in einer Stresssituation sind und das Herz unregelmäßig und schnell schlägt, werden im Gehirn die „Überlebensfunktionen" auf oberste Priorität gestellt. Wenn das Herz in einem gleichmäßigen Rhythmus schlägt (= Kohärenz) sendet es unterschiedliche Botschaften an den Körper, die unser Wohlbefinden steigern:

- Kognitive Fähigkeiten und emotionale Stabilität werden verbessert.
- Das Kuschel-/Liebeshormon Oxytocin wird ausgeschüttet.
- Das Herz sendet Botenstoffe aus, sodass Stress-Hormone (Cortisol) runterreguliert werden.
- Das Herz sendet Botschaften an unser Gehirn, es soll Glückshormone (Dopamin/Serotonin) ausschütten UND positive Gedanken denken.

Ich möchte dir einen Weg zeigen, in diesen kohärenten Zustand des Herzens zu kommen: Um sich positive Gedanken und Gefühle zu generieren, nutzt man den umgekehrten Weg vom Herzen zum Gehirn (ohne mühselig über den Verstand zu arbeiten).

Die Herz-Glücks-Atmung

Führe diese Übung immer dann durch, wenn du merkst, dass du von Gedanken belastet wirst: Bringe deine Aufmerksamkeit auf deinen Atem und fange an, durch die Nase ein- und auszuatmen. Werde dabei immer tiefer und langsamer. (**Damit sendest du an dein Gehirn die Botschaft: Alles ist gut, ich bin geborgen und sicher, ich kann mich entspannen.**) Stelle dir dann vor, wie du von allen Seiten (im 360-Grad-Radius) in dein Herz atmest, und beim Ausatmen strömt die Luft in alle Richtungen aus deinem Herzen wieder aus. Du atmest also nicht mehr durch die Nase oder den Mund, sondern stellst dir vor, wie die Luft in dein Herz ein- und ausströmt. Du atmest sozusagen mit deinem Herzen. So erschaffst du Weite anstatt Enge und bringst dein Herz in Kohärenz (es schlägt ruhig und gleichmäßig). So schlägt es immer, wenn wir uns glücklich, zufrieden oder/und verbunden fühlen, im Vertrauen sind. Diese Atmung kannst du beliebig lange ausdehnen, ein bis zwei Minuten tragen bereits viel zu deinem Wohlbefinden bei.

Keynotes Gedanken

1. Wir haben ca. 60.-70.000 Gedanken am Tag, ca. 90 % davon sind dieselben wie am Vortag.
2. Ein Gedanke führt zu einem Gefühl, dieses bestimmt deine Handlungen, diese bestimmen dein Leben, sind dein Leben.
3. Mache dir deine alten Gedankenmuster bewusst.
4. Bestimme neue powervolle Gedanken, die du als Anker für deinen Alltag denken möchtest.
5. Löse Glaubenssätze, die dich stressen, mit „The Work" auf.
6. Benutze die Herz-Atmung, um aus dem Gedankenkreisel auszusteigen.

Du bist der Ozean

Gedanken und Gefühle sind meine Wellen
Sie kommen und gehen
Sie brausen sich gerade heftig auf
Ich spüre diese Ungeduld in meiner Brust und es will raus
Druck, Schwere, verkopftes Sein
Und auf einmal leuchtet mir diese einfache Wahrheit ein
Ich bin der Ozean
Alles ist nur ein Teil von mir
Ich kann und darf! alles wahrnehmen im Hier und Jetzt
Können wir es nicht so lassen? Sonst reimt es sich nicht:D
Bei Gedichten wäre das doch legitim?
Die Gefühle können mir nichts anhaben
Sie sind so unwahrscheinlich klein im Vergleich zum Wahren
Ich bin der Ozean
Langsam kommt Sonne wieder hervor
Nach dem Regen und Gewitter steigt eine friedliche Stille
in mir empor
Beobachten, Wahrnehmen ohne jeglichen Widerstand
Die Unwetter des Lebens zerfließen von allein wie Sand

6. MAMA-GLÜCKS-IMPULS:

Wife. Mom. Boss.

DU BIST DIE SCHÖPFERIN DEINES ALLTAGS

Den Fokus bewusst auf das Positive auszurichten schenkt Energie und Begeisterung. Du selbst kannst entscheiden, worauf du deine Aufmerksamkeit lenkst.

EINE KLEINE **EINLEITUNG** ZUR **FOKUSSIERUNG**

Deine Power liegt dort, worauf du deinen Fokus, deine Aufmerksamkeit richtest. Unser Gehirn ist so konstruiert, dass es die Außenwelt danach abscannt, was negativ ist. Der Mann hört nie zu, das Kind ist ungeduldig, die Wohnung/das Haus ist unordentlich, der Körper ist nicht gut genug (zu dünn oder zu dick, nicht straff genug), die Freundin meldet sich nie oder fragt zu wenig nach etc. Beim Thema Gedanken wurde das bereits erläutert (vgl. 5. Mama-Glücks-Impuls: Gedanken). Durch die Untermauerung und den Fokus darauf werden die negativen Glaubensätze verstärkt. Das führt zu Distanz und Trennung zu sich selbst und anderen gegenüber (Verschlechterung der Beziehung). Wenn es in deinem Leben fünf Bereiche gibt, die gut funktionieren, und einen Bereich, der problematisch ist, wirst du dich gedanklich vor allem mit diesem einen Bereich beschäftigen und deine ganze Energie darauf abzielen, dieses „Problem" irgendwie lösen zu müssen. Dabei übersiehst du alles andere, was gut läuft. Der Nachteil dabei ist, dass unser neuronales Netzwerk beim Analysieren von Problemen erregt wird (Stresssituation) und wir unentspannt keine kreativen Ideen zur Lösung finden können. Gleichzeitig produziert unser Körper Stresshormone, da das „Problem" als potenzielle Gefahr eingeordnet wird. Unser Gehirn versucht all das uns bis dahin bekannte Wissen zu durchforsten oder sich neues Wissen (z. B. Googeln zum Thema) anzueignen, um schnellstmöglich eine Lösung zu finden. Das ist kontraproduktiv für einen ganzheitlichen und kreativen Umgang mit der Herausforderung.

Meine Intention ist keineswegs, die Herausforderungen, die du und ich im Familien-Alltag erleben, klein zu reden, ganz im Gegenteil. Durch die nachfolgenden Erläuterungen und Übung möchte ich dich stärken.

Worauf richtest du gezielt deine Aufmerksamkeit?

Wenn es etwas Negatives ist, ist es hilfreich zunächst mit voller Akzeptanz und ohne Wertung (= Achtsamkeit), das, was ist, wahrzunehmen. Du nimmst den negativen Umstand wahr, d. h. deine negativen Gedanken und Gefühle dazu, wenn welche aufsteigen. Danach kann es sein, dass du bereits erleichtert bist und auf natürliche Art und Weise die Freude in dir aufsteigt. Oder du kannst gezielt deine Aufmerksamkeit darauf richten, was in deinem Alltag funktioniert, wofür du z. B. dankbar bist. Somit können wir die Neigung unseres „katastrophischen Gehirns" ins Positive umlenken, indem wir einüben, den Fokus darauf zu richten, was bereits gut ist. Bedenke: Deine Persönlichkeit (wie du bist in deinem Alltag, wie du auf Situationen reagierst, was du aus den Dingen machst und wie du die Welt siehst) hängt davon ab, wie du die letzten Jahre lang geübt hast, zu sein.

DEIN **ERFOLGSTAGEBUCH**

Ähnlich wie mit dem Dankbarkeitstagebuch, mit dem du dein Gehirn trainierst, in die positive Richtung zu gehen, kannst du zusätzlich ein Erfolgstagebuch einführen (oder du benutzt für beides dasselbe Tagebuch). In das Erfolgstagebuch notierst du jeden Tag, was gut funktioniert hat und worauf du stolz bist. Bspw. jedes Mal, wenn dein Kind geduldig war; immer, wenn du es geschafft hast, deine Gefühle so anzunehmen, wie sie sind, ohne zu bewerten und ohne in die Reaktion zu gehen; jedes Mal, wenn du es geschafft hast, mitfühlend mit dir selbst zu sein, schreibst du es auf. Jedes Mal, wenn du achtsam warst, mit dir selbst, mit deinem Kind, deiner Umwelt, schreibst du es nieder. Jedes Mal, wenn du leicht vergeben konntest, anderen und dir selbst, notierst du es. Jedes Mal, wenn du mal wieder alles gegeben hast für deine Familie (frisch kochen/Ordnung/Wäsche/liebevolles Kümmern auf jegliche Art etc.), schreibst du es in dein Erfolgstagebuch und feierst dich und deine Erfolge!

Du sammelst Beweise dafür (ähnlich wie bei der Dankbarkeit und bei THE WORK), dass so vieles gut läuft in deinem Alltag, und übst damit ein, dass dein System weiterhin die Realität nach den positiven Dingen „absucht"! Der Unterschied zur Dankbarkeit ist, dass hier zusätzlich dein Erfolgsbewusstsein und deine Selbstwirksamkeit gestärkt werden und es unheimlich motivierend ist, wenn man sich vor Augen führt, was man alles schafft. Deine innere Heldin kommt damit zum Vorschein.

Vielleicht denkst du gerade: *Das ist mir viel zu aufwendig, ich habe dafür keine Zeit.* Das verstehe ich sehr gut. Ich möchte dich jedoch einladen, es eine Woche lang auszuprobieren und danach zu entscheiden. Das Schöne dabei ist, wenn du dich tatsächlich für dieses Tool/diesen Wandel öffnest, passiert Folgendes:
Dein System wird immer mehr danach suchen, was gut läuft, und das fühlt sich so, so gut an. Anstatt den Ansprüchen deiner inneren Perfektionistin immer gerecht werden zu wollen (die übrigens immer weiter ansteigen und nie enden!), hältst du fest, was du alles meisterst und was bereits gut ist in deinem Leben.

Durch das Aufschreiben hat dein Gehirn schwarz auf weiß die Beweise dafür, dass du erfolgreich bist. Du stärkst dich selbst von innen, deine Energie wächst. Positiver Nebeneffekt: Du schaffst automatisch mit mehr Leichtigkeit mehr.

Alles, worauf du deine Aufmerksamkeit richtest, wächst. Du kannst bewusst entscheiden, worauf du dich jeden Tag konzentrierst: all die Kleinigkeiten, die nicht stimmen, oder das, was bereits gut ist, und die Chancen hinter den Herausforderungen.

Übung

BEWUSSTWERDUNG ÜBER DAS, WAS BEREITS GUT IST.

Schreibe auf, was dein Werk heute war, und bedenke: Nichts ist selbstverständlich!

Beispiel aus meinem Erfolgstagebuch (Beweise für mein System, dass ich eine Super-Mom bin):

Zwei Mal draußen gewesen, die Jungs mit ihren besten Freunden Fußball spielen lassen, im Dreck rummantschen lassen, abends alle Hosen, Jacken und Schuhe gewaschen und sauber gemacht. Nachmittags Spaziergang trotz Kälte zu Nachbars Hühnern und Ziegen, gefüttert, gestreichelt, letzte Sonnenstrahlen genossen. Das Essen drei Mal frisch vorbereitet, gekuschelt, abgeknutscht, die vielen kleinen Wehwehchen getröstet, gepustet, umarmt, nochmals abgeknutscht. Ich liebe es einfach. Mit dem Großen Diktat geübt. Selbstfürsorge gemacht: Termin beim ZA wahrgenommen, Krafttraining am Abend und das Wichtigste: von müden negativen Gedanken nicht runterziehen lassen. „Es ist nur ein Gedanke." Meinem Mann fast den ganzen Tag den Rücken freigehalten, damit er Zeit und Ruhe für sein großes wichtiges Projekt hat. Bei meiner Freundin gemeldet und geantwortet, eine andere Freundin getroffen und zugehört. Am Buch weitergearbeitet. Aufgeräumt, Wäsche gemacht, geputzt (das ist ja normal und fast sagt mein System gar nicht erwähnenswert – doch, gerade das! Nichts ist selbstverständlich!!!). Beim Verkleiden geholfen, gewickelt, den Kids wirklich, wirklich zugehört. Weitergebildet für die Arbeit. Die drei allein ins Bettchen gebracht.

Die Momente, so wertvollen Momente mit den Kids genossen, absolutes Highlight meines Lebens: Das Mama-Sein genießen, das Aufwachsen unserer größten Schätze genießen, aufsaugen, all die großen und vielen kleinen Momente des Alltags, die man miteinander teilt, das ist unser Leben, das ist ihre Kindheit, das ist mir heute gelungen.

Ich finde mein Leben, meinen Mama-Alltag und meine Taten gerade ehrlich legendär.

Anmerkung: Wichtig ist im Hinterkopf zu behalten, dass auch wenn man nicht so viele Dinge an einem Tag schafft, man trotzdem wertvoll ist und schon alleine durch das eigene Sein erfolgreich ist.

In meinem Eintrag könnte genauso gut nur der Satz stehen „Mit meinen 3 Besten den Tag zusammen genossen." Nur das Sein ist genauso erfolgreich und wertvoll wie all die Dinge, die du täglich schaffst. Das bedeutet wir dürfen lernen, unseren Wert nicht durch all die geschafften To-Do's zu definieren. Gleichzeitig hilft das Niederschreiben deiner Taten, dir bewusst zu machen, wieviel du als Mutter tagtäglich tust.

AUSRICHTUNG AUF DAS **POSITIVE**

Eine weitere Möglichkeit, deine Aufmerksamkeit dahingehend einzugrooven, ist, dich selbst zu fragen, was du in einem bestimmten Bereich so sehr magst, und dies aufzuschreiben. Schreibe so detailliert wie möglich, was du alles genau dabei liebst und wofür du dankbar bist. Beim Schreibprozess werden wundervolle positive Gefühle aufsteigen, bade darin und genieße sie.

Beispiel Fokus ausrichten: Mama-Dasein

Ich liebe es, meine Kinder abzuknutschen, sie durchzukuscheln und ihnen bei jeder Gelegenheit zu zeigen und zu sagen, wie sehr ich sie liebe. Ich liebe es, wenn unser Jüngster mich am Bein umarmt mit seinen Händen und sagt: „Lieb!" („Ich hab' dich lieb" soll es heißen.) Ich liebe es, ihnen vorzulesen und sie Sachen im Buch suchen zu lassen, wie sie sich freuen, wenn sie etwas finden und erfolgreich sind. Ich liebe es, sie durchzukitzeln und unser Fliegen-Raketen-Spiel – sie lachen sich so sehr kaputt, und ich versinke in diesem Hier und Jetzt voller Glückseligkeit: Nichts auf der Welt ist wichtiger, als diese Zeit mit meinen „Besten" zu genießen. Ich liebe es, mit ihnen zu joggen, Fußball zu spielen, oder unsere Ball-Spiele mit Punkten. Wenn ich innehalte und mir bewusst mache, was es für ein großes, unfassbar großes Glück ist, dass ihre Seelen zu uns gekommen sind, in unsere Familie, und dass wir sie begleiten dürfen. Ich liebe es, wenn wir uns nach einer Unstimmigkeit versöhnen und uns danach noch mehr verbunden haben mit diesem inneren tiefen Gefühl, dass alles gut ist. Ich liebe es, die Großen mit ihren Freunden nach der Schule Fußball spielen zu sehen, wie glücklich sie im Hier und Jetzt sind und es genießen. Und vor allem, das Schönste ist doch, ihre Anwesenheit, ihr Strahlen aufzusaugen und sie mit all meinen Sinnen zu genießen. Der Geruch ihres Seins, wenn ich die Augen schließe und rieche, atme ich quasi Glückseligkeit ein. Ich liebe es, mit ihnen draußen zu sein, kleine und große Abenteuer zu erleben, mit kleinen Dingen des Alltags glücklich zu sein. Ich liebe unseren Jubelruf, wenn wie etwas geschafft haben: Die fünf Besten! Die Jackson-Five! Wir haben uns lieb! Mit ihnen kann man wunderbar das Leben genießen, ob im Urlaub, in Cafés, auf dem Spielplatz oder einfach zu Hause. Ich liebe es, ihnen Dinge, die mich begeistern, beizubringen und zu tun. Ich liebe sie so sehr, einfach weil sie so wundervoll sind in ihrem So-Sein. Ich bin so dankbar, dass ich ihre Mama sein darf.

Übung

FOKUS AUSRICHTEN AUF DAS POSITIVE

Was liebst du an deinem Mama-Dasein? Was begeistert dich? Was genau genießt du an eurem Alltag? Wofür bist du dankbar, und was schätzt du an deinen Lieben?

Keynotes Fokus ausrichten

1. Worauf du deine Aufmerksamkeit lenkst, wird automatisch mehr und bestimmt dein Glücksempfinden.
2. Richte deine Aufmerksamkeit gezielt auf deine Erfolge und das aus, was bereits gut ist mithilfe deines Erfolgstagebuchs (oder Dankbarkeitsbuchs).
3. Frage dich im Laufe des Tages: Worauf richte ich gerade meine Aufmerksamkeit? Wie fühlt sich das an?
4. Nimm es wahr, sei damit, ohne zu bewerten. Richte danach deinen Fokus auf das, was dich stärkt.
5. Lies dir immer wieder deine Notizen durch, um dich an deine Erfolge zu erinnern.

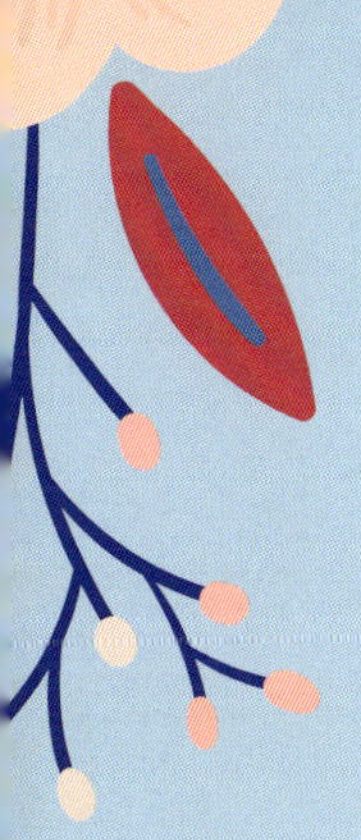

Das Glück der Achtsamkeit

Verliere dich, verliere dich selbst
Deine Gedanken, deine To-do's, dein Müssen und Sollen,
das du hin und her wälzt
Entfaltendes Sein im Hier und Jetzt stellt sich ein
Glückseligkeit kommt bei Achtsamkeit ganz von allein
Bring deine Aufmerksamkeit auf die gegenwärtige Erfahrung
Genieße gedankenlos einfach das, was ist für
deine Lebensverwahrung
Nichts verändern wollen, nichts bewerten wollen
Selbst das Bewerten als Bewertung loslassen können
Immer wieder, immer wieder führe dich in dein
wahres Leben zurück
Von Moment zu Moment wahrnehmen und die Zeit mit
deinen Wundern genießen –
das ist das wahre Glück

7. MAMA-GLÜCKS-IMPULS:

Deine Gefühlswelt

UMGANG MIT NEGATIVEN GEFÜHLEN

Unsere Gefühlswelt bestimmt die Qualität unseres Alltags. Ein achtsamer Umgang damit (=wertfrei+bewusst) ist essenziell für einen entspannten und erfüllten Mama-Alltag.

EINE KLEINE **EINLEITUNG** ZU **DEINER GEFÜHLSWELT**

Welches deiner Gefühle verurteilst du gerade? Bei mir ist es die Genervtheit und zusätzlich das schlechte Gewissen darüber, dass ich mich genervt fühle. Meine innere Kritikerin sagt mir *„Wie kannst du nur so genervt sein, deine Kinder sind so großartig und du bist gerade eine richtig schlechte Mutter"* und verurteilt mich für diese Gefühle zutiefst.

Alle Mütter, mit denen ich arbeiten durfte und die ich kenne, sind sehr kritisch und hart sich selbst gegenüber. Sie verurteilten sich selbst dafür, wenn man wütend ist, wenn man ungeduldig war, aufbrausend, ungerecht zu den eigenen Kindern, ihnen aus Versehen weh getan hat, seinen Frust, die Müdigkeit oder die Überforderung an den Kids ausgelassen hat. Alle Mütter erleben dieses Dilemma. Wir möchten am liebsten die ganze Zeit Happiness und Flow: Alle sind zufrieden, gut drauf und lieben sich abgöttisch, lachen, machen Quatsch, kuscheln, basteln, helfen sich gegenseitig und sind immer gut gelaunt. Aber so funktioniert der Mama-Alltag einfach nicht. Und so ist das Leben ebenfalls nicht. Jedes Leben, jeder Alltag hat Höhen und Tiefen. Alles hat seine Daseinsberechtigung. Ein Familienalltag birgt viele Herausforderungen – du kennst deine am besten, wenn du dir deinen Alltag mal kurz anschaust. Es kommen immer wieder auch Tiefs, ganz banale Alltagssituationen, die in uns negative Gefühle auslösen, für die wir uns dann als Mutter verurteilen. Besser gesagt, unsere innere Richterin, die innere Kritikerin verurteilt uns. Doch das Unterdrücken negativer Emotionen macht es nur noch schlimmer, und selbst wenn man für den Moment meint, sie zur Seite geschoben zu haben, weil man um jeden Preis wieder Harmonie haben möchte, kommen diese Gefühle an anderer Stelle doppelt so stark wieder hoch. Du kennst das.

Wir haben nicht gelernt, mit unseren negativen Gefühlen umzugehen. Halte kurz inne und erinnere dich, wie deine Eltern damit umgegangen sind, wenn du als Kind wütend oder frustriert warst. Bei den meisten Familien wurde entweder schnell der Riegel vorgeschoben durch Härte und mit einer harschen Ansage, sich schnell wieder zu beruhigen, manchmal wurde sogar bestraft. Oder man wurde schnell abgelenkt, und es wurde auf etwas Positives, Interessantes hingewiesen, An dieser Stelle ist hervorzuheben, dass unsere Eltern keine Schuld trifft. Wie bereits erwähnt, haben unsere Eltern nach ihrem besten Wissen und Gewissen gehandelt. „Was ist nun die Lösung?", denkst du vielleicht. Natürlich möchten wir die negativen Gefühle nicht an unseren Schätzen ausleben, deswegen ist der folgende Schritt so wichtig und wertvoll: Was kannst du tun?

1. Schritt:

Wenn ein negatives Gefühl aufsteigt, übst du eine Willkommens-Haltung ein: das Gefühl begrüßen, wie es sich zeigt, es akzeptieren, ohne zu beurteilen, ohne sich dafür zu verurteilen und es dann liebevoll annehmen. Das Gefühl ist nur „Energie", die fließen möchte (e-motion). Hilfreiche Gedanken können z. B. sein.: „Okay, Wut, du darfst jetzt da sein. Komm, es ist okay, dass du da bist." Oder allgemeiner: „Alle Gefühle, alles, darf jetzt in mir sein/da sein." Sei hierbei achtsam und behutsam mit dir selbst, wann du bereit und offen für welches Gefühl bist, und entscheide, ob du es in dem Moment gut aushalten kannst. Anfangs ist es ratsam, sich erstmal nicht die heftigsten Gefühle zu erlauben. Gefühle wie Langeweile, Zweifel, Müdigkeit eignen sich gut für den Anfang. Nach etwas Übung kannst du dich dann an Gefühle, wie z. B. Wut, Angst, Selbstkritik und Trauer, herantasten.

2. Schritt, wenn es sich stimmig für dich anfühlt:

Spüre in dich hinein, wo diese Energie im Körper für dich spürbar ist (Kiefer, Fäuste, Halskehle, Brust, Bauch, Gesicht, Rücken etc.). Was ist es, was du da genau spürst? Schwere, Enge, eine Art Schmerz, Unwohlsein? Welche Farbe hat das Gefühl, wenn du es einer Farbe zuordnen könntest? Welche Form oder Gestalt hat das Gefühl, wenn es eine Form haben könnte? Diese Fragen dienen dazu, sich von dem Gefühl zu desidentifizieren. Statt von dem Gefühl überwältigt zu werden und daraufhin zu reagieren, sich selbst und das Gefühl von außen beobachten und es wertfrei wahrnehmen mithilfe des Observer-Minds und deiner Meta-Kognition.

Das Procedere muss nicht lange andauern, eine Minute lang wäre schon ein super Schritt für deine Selbstfürsorge. Danach lässt du dieses Gefühl, solange es sich für dich stimmig anfühlt, „einfach" DA SEIN. Wertfrei und urteilsfrei damit SEIN. Nachdem das Gefühl wieder gegangen ist, entscheidest du, ob und wie du antworten möchtest auf die Situation. – Jedes Gefühl möchte gefühlt, geliebt und angenommen werden.

Ich weiß mit meinen drei Jungs selbst zu gut, welchen immens hohen Aufwand es bedeutet, die eigenen Kinder all ihre Gefühle ausleben zu lassen. Es erfordert viel Kraft und Energie und ist manchmal gefühlt kaum auszuhalten. Das ist jedoch vor allem so, weil es uns mit unserem eigenen Schmerz konfrontiert, uns an unsere verdrängten Gefühle erinnert. Deswegen fällt es uns Eltern manchmal unheimlich schwer, damit zu sein, wenn unser Kind gerade „ausflippt". Es erinnert uns an all unsere ungefühlten und verdrängten Gefühle. Mit der Zeit wird es einfacher, wenn du dir zugestehst, deine eigenen Gefühle akzeptierend und liebevoll mit einer Willkommens-Haltung da sein zu lassen. Das ist praktizierte Selbstfürsorge und Selbstliebe.

MEINE **NACKTE WAHRHEIT** – BEISPIEL **ANGST**

Auch wenn ich schon seit Jahren als Glückstherapeutin arbeite und all die Tools kenne, ist es manchmal immer noch eine Riesenherausforderung für mich, mit dem Gefühl der Angst umzugehen. Es ist vor allem ein Thema für mich, weil ich nach der Geburt unseres zweiten Sohnes eine traumatische Erfahrung hatte. Ich habe in einem Geburtshaus entbunden, was eine großartige Erfahrung war. Es war wunderschön, danach direkt nach Hause gehen zu können. Ein paar Tage später im Wochenbett ging es mir jedoch schlagartig unheimlich schlecht. Ich lag im Bett und merkte, wie es mir immer schlechter ging bis ich so schwach war, dass ich noch nicht mal meinen Mann rufen konnte. Um das Ganze abzukürzen: Ich hatte eine Entzündung in der Gebärmutter, die ausgeschabt werden musste und verbrachte eine Woche im Krankenhaus. Insgesamt dauerte meine Genesung noch zwei weitere Monate mit einem weiteren Krankenhausaufenthalt. Das war die schwerste Zeit meines und unseres gemeinsamen Lebens. Ich wünschte, ich hätte damals schon gewusst, wie ich mit meiner Angst umgehen konnte. Stattdessen habe ich alles dafür getan, um mich von ihr abzulenken: Mit Tun ablenken, What's App, mit Baby beschäftigen, etwas leckeres Essen, putzen, aufräumen, kochen, spazieren gehen – all das, was Menschen tun, um sich ihren negativen Gefühlen nicht stellen zu müssen. Oft, wenn ich mal krank war (nur eine leichte Erkältung) oder einer unserer Jungs, wurde diese Angst wieder in mir getriggert und präsent.

Mittlerweile weiß ich, dass das Leben einem immer wieder ein Thema präsentiert, das noch nicht aufgelöst ist. So sitze ich hier und kann mit dir diese ehrlich Wahrheit teilen: es hat 6 Jahre meiner Reise gedauert bis ich verstanden habe, dass ich nicht drumherum komme, als diese Angst zu fühlen, sie mit einer Willkommenshaltung anzunehmen. Auch nach 6 Jahren stehe ich noch hier, habe eine schwere Grippe hinter mir, in der all diese Gefühle der Ohnmacht, Angst vor dem Nicht-Gehört-Werden, Kontrollverlust und Hilflosigkeit, Schwäche, Ausgeliefert-Sein wieder hochkamen, obwohl ich schon oft meine Angst einlade, da zu sein. So lag ich abends im Bett mit Fieber und sprach mit ihr: Komm Angst, du darfst jetzt da sein. Ich kann dich jetzt fühlen, ich bin bereit. Mir kamen Bilder hoch von einer Angst-Gestalt, die zwar gruselig aussah, aber mir dennoch nichts anhaben konnte. Diese Erfahrung habe ich einige Minuten lang gehalten und mich dabei immer stärker gefühlt, weil ich erfahren habe, dass die Angst selbst mich nicht schwächen kann. Nur ich selbst kann mich schwächen, wenn ich der Angst die Bedeutung von Macht verleihe. Mit dem Gefühl des inneren Friedens bin ich dann eingeschlafen. Seitdem kommt diese Angst nicht mehr.

HILFREICHE SCHRITTE, WIE DU MIT EINEM UNANGENEHMEN GEFÜHL UMGEHEN KANNST: AM BEISPIEL DER ANGST

Wichtig: Betrachte die folgenden Schritte als eine Stütze und entscheide selbst, was sich stimmig für dich anfühlt. Du musst nicht jedes Mal alle Schritte gehen. Der wichtigste Teil besteht darin einzuüben, mit dem Gefühl wertfrei und urteilsfrei zu sein, bis es wieder geht. Ebenfalls hilfreich ist es, die inneren emotionalen Prozesse jedes Mal auf die gleiche Art und Weise zu behandeln. Das hilft, ein neues positives Muster im neuronalen Netzwerk zu verankern.

1. Gefühl identifizieren und benennen, wenn es klar ist. Wenn es nicht klar ist, benenne es für den Moment erstmal als „unangenehmes oder herausforderndes Gefühl".

2. Sich erinnern, wann dieses Gefühl das erste Mal von dir gefühlt wurde – ist eine bestimmte Erfahrung damit verknüpft, die ebenfalls geheilt oder angenommen werden möchte?

3. Welche anderen Gefühle hängen da noch dran? (In meinem Beispiel der Angst zusätzlich: Nicht-Gehört-Werden, Kontrollverlust, Schwäche, vielleicht sogar Todesangst).

4. In einem starken Moment, wenn du dich bereit dazu fühlst und ungestört bist, lade das Gefühl ein, da sein zu dürfen. Du öffnest dich dafür, indem du innerlich z. B. sagst: „Angst, du darfst jetzt da sein. Ich möchte dich fühlen. Komm, komm, komm." Unterstützend kannst du deine Arme ausbreiten, als ob du das Gefühl umarmen möchtest.

5. Nimm die Angst wahr: Wie fühlt sie sich an? In welchen Körperteilen spürst du das Gefühl? (Brust, Bauch, Gesicht, Schulter etc.?) Was genau spürst du? Druck, Enge, Schwere, Anspannung? Welche Farbe hat das Gefühl, wenn es eine Farbe hätte? Das hilft, etwas Distanz zu gewinnen und das Gefühl als einen Anteil von dir anzuerkennen, aber sich nicht darin zu verlieren oder sich davon überkommen zu lassen. Wahrnehmen, ohne zu bewerten und ohne zu verurteilen (= Achtsamkeit).

6. Dialog führen: Wenn es sich für dich stimmig anfühlt, kannst du Fragen stellen: Wofür bist du da? Was möchtest du mir sagen, mitteilen? Welche Funktion hast du? Was kann ich durch dich lernen? Geduldig Raum lassen und wahrnehmen, was an Erkenntnissen hochkommt.

7. Abschluss: Bedanken und Loslassen. „Danke, dass du mich beschützen willst, aber ich bin in Sicherheit und voller Urvertrauen. Du darfst jetzt gehen." Wenn es sich noch wertvoll anfühlt, kannst du hier ein paar Mal tief ein- und ausatmen und dir selbst und dem Gefühl ein Lächeln und ein Dankeschön schenken.

Übung

WIE DU MIT WUT UMGEHEN KANNST

Viele Mütter erleben im Alltag Wut und Zorn, z. B. wenn das Kind nicht das erwünschte Verhalten zeigt (bspw. Kind kommt nicht, hat selbst einen Wutausbruch oder ärgert das Geschwisterkind, schlägt es evtl. sogar). Das Verhalten des Kindes triggert die eigene Wut. Oft ist diese Emotion so schnell da, dass man überrollt und überwältigt davon ist und dann ins reaktive Verhalten verfällt (Stimme erheben, drohen, bestrafen, das Kind mitzerren, wütender Blick, Finger erheben etc.). Unglücklicherweise werden wir Eltern, bevor wir lernen (z. B. in der Schule oder später in Eltern-Vorbereitungskursen), wie man mit den eigenen Gefühlen umgehen kann. Ohne jede Vorbereitung stürzt man sich ins Abenteuer Elternschaft.
Dieses Kapitel und die folgende Übung können hierbei ein Anker und eine Stütze sein.

Wenn du das nächste Mal Wut verspürst, folge den unten aufgeführten Schritten und notiere deine Erfahrungen. Durch die positiven Erfahrungen verinnerlichst du die Schritte und erhöhst somit deine Motivation, dranzubleiben und nicht in alte Muster zu verfallen. Sobald du das ein paar Mal gemacht hast, fällt es dir immer leichter und gelingt immer eher, das Gefühl anzunehmen und damit zu sein. Ein cooler Nebeneffekt ist: Wenn dein Kind erfährt, dass du es nicht verurteilst für den Wutausbruch oder andere herausfordernde Emotionen, fühlt es sich danach glückselig. Es fühlt, dass es bedingungslos geliebt wird, egal, welche Emotionen es zeigt. Ein weiterer positiver Effekt ist, dass dadurch die Mutter-Kind-Beziehung ins Unermessliche gestärkt wird.

Schritt 1: Unangenehmes Gefühl wahrnehmen und benennen:

Schritte 2 + 3: Wann habe ich das Gefühl zum ersten Mal gefühlt? Welche Gefühle hängen eventuell mit dran?

Schritt 4: Sich öffnen für das Gefühl. Diese Erfahrung habe ich dabei gemacht:

Schritt 5: Verankerung im Körper. In diesen Körperbereichen fühlt sich dieses Gefühl folgendermaßen an:

Schritt 6: Fragen stellen – diese Antworten stiegen in mir auf:

Schritt 7: Mit dem Gefühl sein, bedanken und loslassen. So hat es sich angefühlt:

So erging es mir nach der Übung:

KURZANLEITUNG UMGANG MIT EINEM **NEGATIVEN GEFÜHL:**

- Beobachte das Gefühl wertfrei und urteilsfrei von außen (vgl. oben Observer-Mind/ Meta-Kognition).
- Übe, damit einfach zu sein.
- Willkommenshaltung anstatt Verdrängung, Ablenkung oder Verurteilung für das Gefühl.
- Hilfreicher Anker-Satz: „So fühlt sich also … (das Gefühl) an."
- Erinnere dich: Du bist nicht das Gefühl, du bist die Wahrnehmende des Gefühls. Der Anteil in dir möchte jedoch gefühlt und angenommen werden.
- Beobachte, wie sich das Gefühl wieder entspannt, wenn du es wertfrei annehmen kannst und damit sein kannst.

WIE KANNST DU MIT DEN **GEFÜHLEN DEINES KINDES UMGEHEN?**

Weil du dir die Zeit nimmst, dieses Buch zu lesen, weiß ich, dass du eine bewusste Mutter bist und deshalb bewusst und nicht reaktiv mit deinem Kind umgehen möchtest. Wenn dein Kind negative Gefühle hat, sind folgende Schritte hilfreich:

1. Anerkennung: Du lässt alles stehen und liegen und fokussierst dich vollkommen auf dein Kind. Du sprichst an, welches Gefühl du erkennst bei deinem Kind. Bspw.: „Mami versteht, dass du gerade wütend bist." Optimal wäre es, wenn man sagt: „Ich verstehe, dass da gerade Wut ist." Das trägt die Botschaft in sich, dass das Kind gerade ein Gefühl erlebt, das Kind selbst aber nicht dieses Gefühl (die Wut) ist. (= Desidentifikation mit dem Gefühl = Achtsamkeit). Wenn für dich das Wort verstehen zu „groß/stark" ist – im Sinne von: Verstehe ich das Kind gerade wirklich? – wähle ein abgeschwächtes Wort, das sich für dich authentisch und stimmig anfühlt. Bspw.: „Mami sieht, dass bei dir gerade die Wut da ist." Oder: „Mami erkennt, dass die Traurigkeit gerade da ist, weil… (was gerade das Thema ist)." Wichtig: In einer nicht wertenden oder verurteilenden Haltung mit dem Kind kommunizieren.

2. Erklären, warum es gerade nicht anders geht. Bspw.: „Ich kann erkennen, dass die Wut gerade da ist, weil du mit Papi Auto fahren möchtest, gleichzeitig ist es so, dass Papi jetzt zur Arbeit fährt und du erst mitfahren kannst, wenn er wiederkommt." Anstatt das

Wort „aber“ das Wort „gleichzeitig“ benutzen. Die achtsame Wortwahl unterstreicht, dass es keine Absage an dein Kind und an sein Bedürfnis direkt ist, sondern dass der andere Umstand ebenfalls präsent ist. Damit dürfen unsere Kinder auch lernen umzugehen.

3. Du bist mit deinem Kind und mit seinem Gefühl gemeinsam da und teilst mit ihm diese Erfahrung. Es ist hilfreich, die Arme in einer Willkommens-Haltung zu öffnen, wenn dein Kind sich in dem Moment umarmen lassen möchte. Manchmal möchte es erstmal allein mit dem Gefühl sein, und es braucht Raum. Diesen Wunsch darf man akzeptieren und in einer wohlwollenden und annehmenden Haltung abwarten, bis dein Kind von selbst auf dich zukommt, um sich trösten zu lassen.

4. Weiterhin wertvoll: Mitgefühl aufbauen, indem du dich in dein Kind hineinversetzt. Frage dich selbst, wann du das letzte Mal dieses Gefühl so gefühlt hast, dass es richtig belastend war. Fühle kurz hinein, dann weißt du ganz genau, wie dein Kind sich in dem Moment fühlt. Dann weißt du ebenfalls und intuitiv, wie du deinem Kind begegnen kannst (Worte und Gesten oder einfach nur da sein).

Wenn du diese Erfahrung wahrhaftig und achtsam mit deinem Kind geteilt hast, wirst du feststellen, wie erleichtert, dankbar und glückselig dein Kind sich danach fühlt und dies auch dir gegenüber zeigt. Ich bin immer wieder überwältigt, wenn unser kleinster Schatz (2,5 Jahre) mich nach so einer Erfahrung *anhimmelt*, die Augen noch nicht getrocknet vom vielen Weinen, aber er strahlt über sein ganzes Gesicht, mit seinem ganzen Körper und mit seinem ganzen Sein. Warum? Weil er sich angenommen fühlt. Weil er dankbar ist und gefühlt hat, dass ich ihn nicht für den Wutausbruch verurteilt, bestraft oder abgewertet habe. Er durfte so sein, wie er ist, und das Gefühl ausleben, bis es wieder ging. Ich war die ganze Zeit da für ihn mit meiner abwartenden Herzlichkeit.

Wenn es der Fall ist, dass in dir ebenfalls Wut aufsteigt, wenn dein Kind negative Emotionen zeigt, („Es drückt gerade deine Knöpfe“), sieh es als eine willkommene Übung an, um dein eigenes Gefühl zu fühlen und damit zu sein (siehe oben). Danach widme dich deinem Schatz und seinem Gefühls-Chaos.

DIE HERZ-ATMUNG 2.0

Um schnell wieder in die Entspannung und eine positive Gefühlswelt zu kommen, kannst du auch die Herz-Atmung benutzen. Atme dafür nach dem ersten Schritt in dein Herz ein und aus (vgl. 5. Mama-Glücks-Impuls), damit kannst du in deinem Herzen nun ein positives Gefühl aufsteigen lassen. Du kannst dich fragen, welches Gefühl dir in diesem Moment besonders guttun würde. Meistens kommt spontan eines hoch. Wenn nicht, gehst du einfach ein paar Gefühle durch – Liebe, Entspannung, Vertrauen, Geborgenheit, innere Zufriedenheit, Freiheit, Glück, Glückseligkeit etc. – und fühlst nach, was sich für dich stimmig anfühlt. Manchmal ist es hilfreich, an einen geliebten Menschen zu denken, an eine Situation, in der du glücklich und entspannt warst, oder auch an ein Tier, das du besonders magst.

Wenn du das Gefühl klar hast, lässt du dieses beim Einatmen in deinem Herzen aufsteigen und intensiver werden und beim Ausatmen aus deinem Herzen in alle Richtungen ausströmen. Eine Minute ist bereits hilfreich.

Als nächsten Schritt kannst du dir nun vorstellen, wie du dieses Gefühl, erstmal dir selbst schenkst. Du kannst dir vorstellen, dass es z. B. durch deinen gesamten Körper fließt oder dich selbst als ein kleines Kind (dein inneres Kind), dem du dieses Gefühl schenkst. Fühle einfach, wie wohltuend es ist, in diesem positiven Gefühl zu baden.

Anschließend kannst du nun dieses Gefühl anderen Menschen schenken. D. h. du stellst dir vor, wie es aus deinem Herzen zu allen, die du vor Augen hast, fließt, zu den Menschen in deinem Zuhause, weiter in die Nachbarschaft, in die Gemeinde, das Dorf, die Stadt, die Familie, zu Freunden und schließlich zur ganzen Menschheit. Diesen Schritt kannst du ebenfalls einfach so lange ausführen, solange es sich stimmig für dich anfühlt. Auch hier reichen bereits zwei Minuten. Wenn du so weit bist, öffne die Augen und schenk dir selbst ein Dankeschön für diese wertvolle Zeit, die Pause und Wohltat für deine gesamte Gesundheit.

Abschluss: Fühle nun nach, wie es dir geht. Wie fühlen sich Körper, Geist und Seele an? Wie ist es mit deiner Gedanken- und Gefühlswelt? Wie geht es dir im Vergleich zu vorher? Genieße die positiven Effekte und starte nun weiter durch als Power-Mom! :D

ABSCHLUSSIMPULS

Jedes Gefühl hat eine positive und wertvolle Botschaft und Funktion. Jedes Gefühl möchte von dir gefühlt, angenommen und in Liebe akzeptiert werden. Genauso wie unsere ungeliebten Schattenseiten. Manchmal steckt eine Beschützer-Funktion dahinter oder ein von dir zu wenig beachtetes Bedürfnis. Du bist nicht das Gefühl, es ist ein Teil von dir. Es sind Wolken und du bist der Himmel. Oder Wellen, die kommen und gehen, doch du bist der Ozean. Du kannst es jedes Mal, ohne es bewerten zu müssen oder dich dafür zu verurteilen, einfach nur wahrnehmen und beobachten, bis es wieder geht.

Wenn du in deine Meta-Kognition gehst oder in deinen Observer Mind, um das Gefühl zu beobachten und damit zu sein, kannst du dir vorstellen, dass du mit deiner Wahrnehmung aus dem eng fokussierten Zoom-Modus wie bei einer Kamera (hier identifizierst du dich mit dem Gefühl und reagierst) in einen Weitwinkel-Modus umschaltest (du beobachtest aus einer Distanz heraus, Vogel-Perspektive, das Gefühl als einen Anteil von dir und entscheidest dann, ob und wie du antworten möchtest). So kommst du aus der leidenden Opferrolle in den achtsamen Schöpferinnen-Modus. Du bist der Boss! Nicht deine Gefühle, nicht deine Gedanken und nicht dein Körper. Du entscheidest, was du aus allem machst und wie du mit deinen Gefühlen umgehst. Das ist deine Power! Du bist eine Powerfrau! Schon allein, weil du eine Mutter bist!

Keynotes Gefühle

1. Jedes negative Gefühl hat eine Funktion und wertvolle Botschaft. Ein wichtiges, nicht beachtetes Bedürfnis kann dahinterstehen.
2. Jedes Gefühl möchte gefühlt und angenommen werden (folge der Anleitung auf den vorherigen Seiten).
3. Wenn negative Gefühle verdrängt werden, kommen sie umso stärker wieder zurück („what you resist, persists").
4. Achtsamer Umgang mit Gefühlen bedeutet: wertfreie Wahrnehmung des Gefühls durch Beobachtung mit dem „Observer-Mind" und damit sein.
5. Durch das wertfreie Fühlen und Annehmen aller Gefühle entspannen sich die unangenehmen Gefühle von selbst.

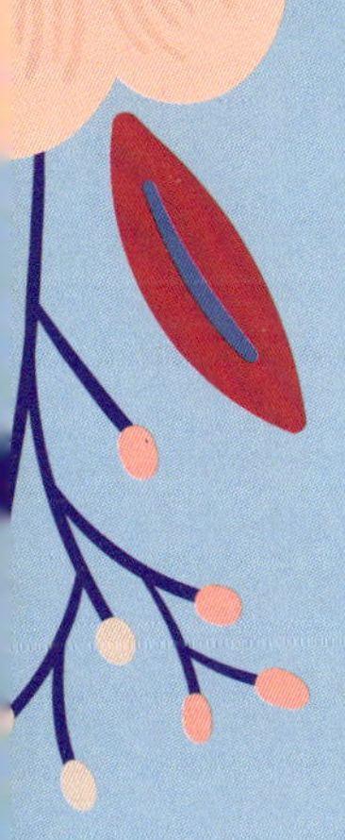

Diese Wut

Diese Wut, ewige Wut
Du willst sie nicht, sie kommt aber immer wieder
in deiner Alltags-Not
Es fühlt sich schwer an, mein Kiefer verzieht sich und
ich will es einfach nicht
Es fühlen, in meinem Bauch und meinem Gesicht
Gleichzeitig das Verurteilen meiner selbst
Wie kann ich nur so gemein sein zu meinem Kind?
Höre mich sagen: Du musst aber hören!
Als würde sein Dasein irgendwie stören
Wie kann ich nur so herzlos sein?
Hier sitzen und diese Wut und Härte werfen hinein
Doch ich spüre, dass die Wut mir etwas sagen will
Du darfst dir mehr Zeit nehmen in Stille für dich

8. MAMA-GLÜCKS-IMPULS:

TRUE FUN

LEBENSFREUDE UND ENERGIE FÜR DEINEN ALLTAG

Wenn wir mehr spielen, haben wir mehr Energie für all die Dinge, die getan werden „müssen".

EINE **KLEINE EINLEITUNG**

Wissenschaftliche Untersuchungen haben ergeben, dass wir nicht gut darin sind, einzuschätzen oder vorherzusagen, was uns glücklich macht. Die meisten nehmen an, dass sie mehr Freizeit haben möchten und weniger Arbeit, um mehr Dinge zu tun, die man selbst tun möchte. Die Untersuchungen zeigen jedoch, dass wir am Arbeitsplatz öfter im Flow-Zustand sind und unser Glücksniveau dadurch höher ist im Vergleich zu der Freizeit nach der Arbeit. Woran liegt das? Zu oft vergeuden wir unsere Zeit mit Dingen, bei denen wir annehmen, dass sie uns Spaß machen, die in Wirklichkeit jedoch keinen echten Spaß („True Fun") bringen. Beispiele für keinen wahrhaftigen Spaß sind: Social Media, Shoppen im Netz, Rumzappen im Abendprogramm, Serien suchen, Dinge gezwungenermaßen („Ich muss...") abarbeiten etc. Du kennst das, anfangs ist man vielleicht euphorisch und gut gelaunt, wenn man sich über die Social-Media-Kanäle verbindet, aber letzten Endes bleibt man müde und energielos zurück. Oder sogar, Worst Case: Man fühlt sich deprimiert, weil man anfängt, sich mit anderen zu vergleichen, und der Story im Kopf glaubt, dass alle anderen ein schöneres Leben führen würden.

Doch, wenn wir True Fun leben, steigert das unser Glücksniveau automatisch: Wir sind achtsam, vollkommen im gegenwärtigen Moment, im Flow und gehen in einer spielerischen Art und Weise auf. Während und danach sind wir wie elektrisiert, voller Energie, Lebensfreude, fühlen uns jung, leicht und beschwingt. – That's the difference!

Daran erkennst du immer, ob du gerade TRUE FUN lebst oder nicht.

Nochmal auf den Punkt gebracht, wenn du wahrhaftigen Spaß hast, ...

- bist du voller Lebensfreude.
- steigt dein Energie-Level an.
- lachst du mehr.
- fühlst du dich mehr verbunden mit dir selbst/deinem Kind/deinem Gegenüber/dem Leben.
- bist du im Hier und Jetzt, achtsam und gedankenlos.
- bist du inspiriert und kreativ.
- fühlst du dich jünger.
- bist du im Flow (gehst darin auf, alles andere erscheint unwichtig oder auf einmal möglich).

Dieses Tool ist ebenfalls eine Einladung dazu, mehr mit deinem*nen Kind*ern zu spielen, und zwar wahrhaftig zu spielen, d. h. dass es dir selbst auch viel Freude machen darf. Es ist das Schönste für unsere Kinder, wenn sie sehen und merken: Mama hat auch richtig Spaß. Mama/Papa nimmt sich Zeit, um mit mir zusammen zu sein und zu spielen. Mama/Papa ist glücklich. Sie/er mag es, mit mir Zeit zu verbringen. Anders ist es, wenn wir die Kids „bespielen" oder bespaßen. Du kennst das, wenn das Spiel zu leicht für dich ist, kommst du selbst nicht in den Flow-Bereich rein (Flow: Tätigkeit darf nicht zu leicht und nicht zu schwer sein) und driftest mit deiner Aufmerksamkeit und deinen Gedanken ständig ab. Es macht dir selbst einfach keinen Spaß, ziemlich schnell merkst du, dass du gelangweilt und müde wirst. Bei TRUE FUN hingegen bist du wie angeknipst, weil das Spiel deine Interessen, deine Werte anspricht oder es einfach nur witzig ist. Lachen entspannt und ist förderlich für die gesamte Gesundheit. Zusätzlich dazu aktivierst du dein eigenes inneres Kind in dir und bedienst es (Wenn du mehr über das Thema „Inneres Kind" wissen möchtest, ist der Klassiker von Stefanie Stahl „Dein inneres Kind muss Heimat finden" sehr empfehlenswert). Spielen allgemein ist förderlich für deine eigene psychische Verfassung und ganzheitliche Gesundheit. Unglücklicherweise hören wir damit auf oder schrauben es zumindest sehr runter, wenn wir erwachsen werden. Oft, weil wir unserem Verstand die Story glauben, dass wir keine Zeit haben und noch so viel getan werden muss. Du hast zu deinem Kind vielleicht auch schon mal gesagt: *„Schatz, ich kann jetzt nicht spielen, Mami hat keine Zeit."* Die Wahrheit ist jedoch, wenn wir mehr spielen, haben wir mehr Energie für all die Dinge, die getan werden müssen.

Zusätzlicher wichtiger Grund für mehr TRUE FUN mit deinem Kind (mit deinem Partner/anderen Gleichgesinnten oder auch dir selbst) ist: Die Verbindung wird gestärkt, die sich positiv auf die Beziehung auswirkt. Es ist unheimlich wertvoll, wenn man sich immer wieder verbindet mit allem, was einem wichtig ist. TRUE FUN führt immer zu mehr Connection. Wenn du mit deinem Kind wahrhaftig gespielt hast, ihr zusammen gelacht habt, euch angestrengt habt und ihr beide Spaß hattet, bist du und dein Kind danach voller innerer Zufriedenheit, Energie und innerer Ruhe. Du könntest es auch „Quality Time" nennen. Wenn du nur fünf Minuten zu 100 % in diesem Bereich warst, ist es viel mehr wert, als wenn du eine Stunde nebenbei etwas mit deinem Kind machst. In dem Fall versucht das Kind, auf unterschiedlichste Art und Weise (positiv oder negativ) auf sich aufmerksam zu machen, weil einer der drei Bereiche nicht ausreichend befriedigt ist: Macht, Aufmerksamkeit oder Verbindung. Das Wunderschöne ist weiterhin, dass es wirklich oft nur Minuten sind, die man braucht, um stundenlang danach zu profitieren, von der Lebensfreude, der Energie und Verbundenheit zu deinen Schätzen. Ich lade dich von Herzen ein, es jetzt sofort auszuprobieren: Welches Spiel könntest du jetzt (oder als Nächstes) mit deinem*n Kind*ern spielen, sodass du auch richtig Spaß daran hast?

Beispiele TRUE FUN

Ich gebe dir ein paar Beispiele, wie man mit den Kids mehr TRUE FUN erreichen kann: Ich liebe es zum Beispiel, mit meinen Jungs Fußball zu spielen. Nach einer gewissen Zeit, wenn ich merke, dass es anfängt, mir keinen Spaß mehr zu machen, verändere ich das Spiel. Ich spiele seit meiner Jugend gerne Volleyball, also nehme ich diese Komponente auf und schlage den Ball ins Tor. Die Jungs müssen den Ball abwechselnd halten. Meine Begeisterung ist sofort wieder da, weil ich meine Leidenschaft von früher, Volleyball zu spielen, aktiviere, und die Jungs finden es klasse, weil der Ball ziemlich hart ins Tor angeflogen kommt. Anderes Beispiel: Wenn wir Wettrennen machen, staffele ich die drei Jungs und mich so, dass es am Ende für alle in etwa gleich schwer wird, das Ziel zu erreichen. Weiteres Beispiel: Meine Jungs lieben es, Playmobil zu spielen, und ich bin begeistert, wenn sie vertieft in ihre Playmobil-Welten eintauchen. Aber: Es macht mir selbst keinen Spaß. Wie kann ich das Spiel nun gestalten, dass ich auch Freude entwickle, damit wir wieder zusammen Spaß haben? Ich führe einfach Komponenten ein, die meine Begeisterungsthemen sind: Dankbarkeit, Achtsamkeit etc. Und ich liebe es, den Kids diese Themen nahezubringen. Das bedeutet, bei unseren Playmobil-Spielen ist immer eine weise Frau dabei, die den Piraten oder Rittern Dinge beibringt und die Krieger wieder versöhnt. Zum Beispiel sitzen die Piraten dann am Lagerfeuer und machen eine Dankbarkeits-Runde, bevor sie feiern :D. Bei dem Kleinsten ist es manchmal schwierig, in den Flow zu kommen, weil es für den Erwachsenen zu leicht ist. Da nutze ich es aus, dass ich gerne ein kleiner Streber bin, und zähle beim Verstecken zum Beispiel in allen Sprachen, die ich lernen durfte (Russisch, Deutsch, Spanisch und Englisch). Im Allgemeinen kann man sagen, dass man entweder über die Anpassung des Schwierigkeitsdrades oder über das Miteinbinden der eigenen Interessen in den Flow-Bereich kommen kann. Wenn beides nicht möglich ist oder man einfach keine Idee hat, hilft Achtsamkeit! Das bedeutet, wie du es aus dem ersten Kapitel bereits kennst, deine volle Aufmerksamkeit auf den Moment, auf das Spiel, auf dein*e Kind*er zu richten. Durch deine Sinne immer wieder in die Gegenwart einzutauchen. Wenn deine Aufmerksamkeit wegdriftet, sie immer wieder zurück zum Hier und Jetzt zu bringen. Beim Playmobil-Spielen beispielsweise schau ich mir genau die Männchen an (Farbe, Form, Gestaltung) und mein Kind (Mimik, Gestik, einfach in seinem So-Sein), und dann komme ich in den Flow-Zustand. Achtsamkeit hilft, in die Spielwelt des*r Kindes*er miteinzutauchen.

Die Komponenten von TRUE FUN:

- Playfulness (spielerische Komponente)
- Connection (Verbindung zu dir selbst/zu dem Gegenüber/etwas Größerem)
- Flow (wenn du in dem, was du gerade machst, komplett aufgehst)

Beispiel-Spiele mit deinem*nen Kind/Kids

- Verstecken spielen (wenn normales Verstecken zu einfach ist, baue eine Schwierigkeit für dich selbst ein).
- Sachen verändern in einem Raum: Einer geht raus und muss danach erraten, was die anderen im Zimmer verändert haben.
- Fangen spielen: Wir lieben es, dabei laut Musik aufzudrehen, wenn wir es im Haus spielen. Wichtig ist, vorher die Rennstrecke zu sichern (Türen aufmachen und sichern, Regeln festlegen und klar aussprechen. Damit sich keiner weh tut, gilt bei uns bspw. die Regel, dass, wenn der Kleinste einem entgegenkommt, man stehen bleiben muss).
- Wettrennen (die Kids und sich selbst so staffeln, dass es bis zum Ziel für alle gleich schwer wird).
- Mit einem Flummi sich gegenseitig zuspielen: Regeln je nach Alter ausdenken/festlegen (bspw. muss der Flummi zwei Mal aufkommen, bevor er von dem anderen gefangen werden darf. Wenn man nicht fängt, Punkt für den anderen).
- Achtsames Kuscheln: Unsere Haut ist unser größtes Organ (im Erwachsenenalter ca. zwei qm groß). Berührungen, Umarmungen und Abknutschen als Austausch von Warmherzigkeit und Liebe ist förderlich für unsere Gesundheit. Dabei wird das Kuschel-/Liebeshormon Oxytocin ausgeschüttet, was uns glücklich macht. Bis zur Pubertät ist tägliches Kuscheln eine wunderschöne Gelegenheit, um die Beziehung zu stärken. Dabei kann man auch noch spielerisch ins TRUE FUN gelangen. Bspw. spielen wir gerne das Spiel „Ich bin…". Man sagt einfach aus dem Bauch heraus, wer oder was man ist, es gibt keine Grenzen für die Fantasie. Dabei kommen die witzigsten Sachen heraus. Weiterhin kann man dabei das Spiel spielen: „Ich sehe was, was du nicht siehst, und das ist…".
- Geeignete witzige Spiele beim Warten (z. B. Arzt-Besuche oder Restaurants): Daumen-Wrestling; „Der Lehrer macht ein großes Fragenzeichen. Mit welchem Finger macht er den Punkt?"
- Ball-Spiele aller Art
- Luftballon-Spiele (z. B. Luftballon möglichst lange in der Luft halten/über eine befestigte Schnur Volleyball spielen) oder „Der Luftballon darf nicht auf den Boden fallen ".
- Quatsch machen in allen möglichen Varianten (bspw. tanzen bei lauter Musik, Musik machen, Grimassen machen, witzig sprechen, so tun als ob ein (Kuschel-) Tier spricht/antwortet, Kind rumwirbeln/hochheben/schweben lassen)
- Brettspiele aller Art

Übung

BRAINSTORMING FÜR MEHR TRUE FUN IN DEINEM ALLTAG

Was hast du gerne als Kind gespielt?

Welche Spiele wolltest du vielleicht gerne ausprobieren, aber es ist nicht dazu gekommen? (mangels Geldes/Zeit/fehlende Gelegenheit) Ich war in meiner Kindheit z. B. begeistert von dem Spiel „Twister“, meine Eltern hatten jedoch nicht die Mittel, es uns zu kaufen. Jetzt spiele ich es mit meinen Jungs.

Welche deiner Interessen/Hobbys/Dinge, die dich begeistern, kannst du im Spiel mit deinem Kind miteinbauen oder zusammen mit ihm ausleben?

Gibt es kreative Tätigkeiten, die du wieder aufnehmen wollen würdest oder ausprobieren wollen würdest von früher oder aktuell (alleine/mit deinem Kind/deinem Partner oder in einer Gruppe/einem Verein)?

*Spiele, die dich und dein*e Kind*er immer sofort in den Flow bringen. Die Liste kannst du jederzeit erweitern. Inspirationen findest du auf der Seite zuvor und unendlich viele im Internet:*

Zwei abschließende Impulse: Es lohnt sich, diese Liste immer weiterzuführen und als Anker zu benutzen, wenn euch im Familienalltag nicht so schnell etwas einfällt. Die Liste kann an einen sichtbaren Platz aufgehängt werden als Erinnerung. Da man im Stressmodus nicht so kreativ ist, ist es hilfreich, einen hübschen Korb oder eine schöne Kiste mit euren Favoriten bereits parat zu haben, damit man schnell und praktisch alles griffbereit hat. Musik hilft bei bestimmten Spielen, die Stimmung sofort anzuheben.

Vor allem, wenn deine Gedanken
und dein Körper sagen,
dass du zu müde bist,
dann SPIELE erst recht!

Keynotes True Fun

1. True Fun beinhaltet immer Playfulness, Connection & Flow.
2. True Fun steigert deine Energie, Lebensfreude und Verbindung zu dir selbst und deinen Lieben.
3. Finde heraus, was dir Freude macht. Erforsche dich selbst. Mache oft Dinge, die True Fun beinhalten.
4. Baue gemeinsame Spiele und Aktivitäten so auf, dass es für alle in etwa gleich schwer ist.
5. Eine Liste mit Ideen und ein Korb mit euren Favorites ist hilfreich, um schnell im Alltag alles parat zu haben.

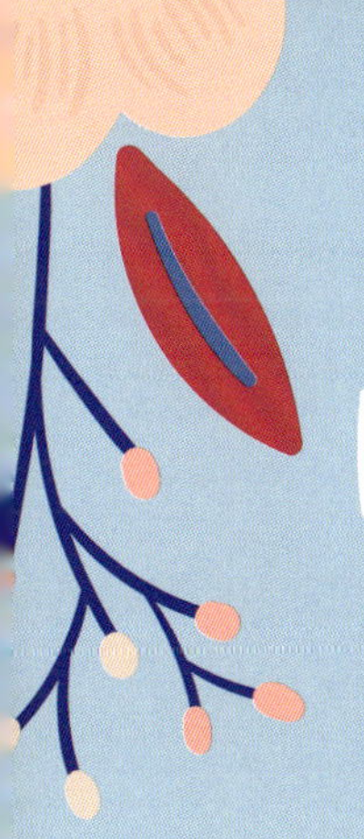

Lass los – alles ist gut

Alles, was mein Verstand als Schwere festhält
All die Fehler und mein Tun vorwärts rennt und rennt
Versklavt durch die Auf und Abs der Emotionen
Immer dieses Genervt-Sein von allen Seiten wollen
Ich halte an und atme Weite ein
Lenke meinen Fokus auf mein Inneres und denk dabei
Alles ist gut, sieh dich um
Deine wundervollen Kinder sind so toll
Schon entspannt sich alles in mir
Ich bin einfach achtsam und nehme wahr
Ich danke mir und mach mir bewusst, was ich alles leiste
Manchmal gelingt es mir, doch das meiste
Sehe ich zu wenig und darf hier wachsen
Sieh dir an, wie viel heute schon getan
Gewaschen, gekocht, aufgeräumt, zu den Ziegen hingegangen
Gekuschelt, getröstet, zugehört
Geschenke organisiert, Rakete gespielt
Und nebenbei all die anderen kleinen Dinge
Die gar nicht so klein sind, wie meine Kids finden
Einfach da sein und sie mit Liebe überschütten
Kümmern, lachen, spielen und sie behüten
Es gibt nichts Schöneres für sie
Die Zeit mit dir zusammen, deine Aufmerksamkeit
ist wie fliegen

9. MAMA-GLÜCKS-IMPULS:

Was ist dein Warum?

Wenn wir uns im Hamsterrad des Alltags wiederfinden, fangen wir an uns zu fragen, wozu das Ganze eigentlich? Finde dein wahres WARUM und schenke deinem Tun wieder mehr Sinn.

EINE KLEINE **EINLEITUNG** ZUM **WAHREN WARUM**

Um sich von innen powervoll zu unterstützen, ist es zusätzlich hilfreich, sein authentisches „Big Why" zu definieren, sich Klarheit darüber zu verschaffen: Warum stehst du jeden Morgen auf? Warum machst du alles, was du tagtäglich machst? Ein „Weil ich muss" zählt nicht, und fühle mal rein, wie demotivierend dieses „Ich muss" sich anfühlt. Du brauchst dein innerstes, wahres WARUM.

Beispiel zum Big Why

Ich gebe dir ein Beispiel: Nach der Schule lasse ich unseren Ältesten mit seinen Freunden Fußball spielen. Bei fast jedem Wetter ca. eine halbe Stunde oder etwas länger. Danach habe ich jedes Mal ca. eine halbe bis eine Stunde Matsch-Wäsche und Schuhe in dreifacher Menge zu erledigen. Manchmal ist meine Motivation nicht groß, wenn ich das immer wieder aufs Neue machen muss. Genau dann hole ich mir mein authentisches Big Why hervor, also meine intrinsische Motivation, warum ich das Ganze mitmache:

- Es ist gut, dass sie sich nach 5–6 Stunden Schule an der frischen Luft austoben.
- Ich liebe es selbst, draußen in der Natur zu sein und einfach zu genießen, wie viel Spaß die Jungs haben.
- Mir ist es wichtig, dass wir jeden Tag ein- bis dreimal draußen sind.
- Es ist wundervoll, dass durch das Spielen die Freundschaften gestärkt werden.
- Ich mag alle Jungs, die dabei sind (es sind meistens die engsten 3–5 Freunde), sie gehören gefühlt schon zur Familie.
- Ich liebe es, wenn alle sich so mögen, dass es sich wie Familie anfühlt.
- Für mich ist es fast so, als wenn ich in einem Café bin: Ich bin entspannt und genieße einfach das Treiben im Hier und Jetzt. Im Sommer nehme ich mir sogar ein Käffchen und ein Buch mit, um das Szenario des Café-Besuchs noch stärker zu (er-)leben.
- Nach dem Austoben sind die Jungs ausgeglichen und entspannt, wir kommen zu Hause innerlich zufrieden an, was mir als Entspannungstherapeutin sehr wichtig ist.
- Manchmal kommt auch eine Mutter dazu, und wir können uns austauschen.
- Mittlerweile ist es zu einem schönen Ritual geworden.

Das sind meine inneren authentischen Werte, die ich in diesem Ritual nach der Schule lebe. Wenn ich mir diese vor Augen führe, bin ich sofort wieder motiviert, die Sachen zu säubern und den Aufwand dafür zu betreiben. Das ist mein WARUM. Gleichzeitig bin ich dabei auch achtsam. D. h. wenn ich merke, dass es zeitlich gar nicht passt mit der Wäsche oder wir an dem Tag einen wichtigen Termin haben, kommuniziere ich das schon rechtzeitig klar und authentisch an meine Schätze. Ein weiteres Beispiel ist meine Motivation zu Sport und Fitness. Ich laufe fast jeden Tag oder mache Krafttraining oder Zumba. Natürlich habe auch ich wie jede andere Mama einen inneren Schweinhund zu überwinden. Dabei hilft mir wieder mein „BIG WHY". Mich regelmäßig fit zu halten, schenkt mir einen Körper, in dem ich mich sehr wohl fühle. Doch das ist nur ein schöner Nebeneffekt, genauso das Runners High, das ich nach dem Laufen habe. Danach ist man voller Glückshormone und kann den Tag oder den Abend in vollen Zügen und voller Energie genießen. Doch mein wahres „Warum", das mich immer wieder von innen motiviert, ist, dass ich mit meinen drei Jungs bis ins hohe Alter topfit sein möchte. Ich liebe es, dass ich mit den Jungs auf Augenhöhe rennen, Fußball und Fangen spielen kann. Ich mag den Gedanken, dass ich als Mama überhaupt rennen kann und es auch tue. Ich finde es einfach wunderschön, mit den eigenen Kindern so fit und sportlich sein zu können und dabei so viel TRUE FUN leben zu können.

Dein „Big Why" hilft dir, dich daran zu erinnern, warum du die Dinge, die du machst und die dir wichtig sind, machen möchtest. Es hilft dir dabei, dir Klarheit zu verschaffen, welche Werte dir wichtig sind, und gibt dir dadurch Aufschwung für deine Motivation. Dinge, die alle Mütter jeden Tag zu verrichten haben – wie Waschen, Putzen, Kochen – beanspruchen immer wieder viel Zeit, Energie und Aufwand. Es ist nur logisch, dass die Motivation manchmal im Keller ist und man sich regelrecht zwingen muss, diese alltäglichen Dinge jeden Tag zu erledigen. Genau hierbei kann dein „BIG WHY" hilfreich sein, dich an deine Werte erinnern und dich wieder inspirieren. Gleichzeitig schenkt es dir Klarheit für Dinge, die du vielleicht jeden Tag einfach aus Gewohnheit tust, die jedoch gar nicht mit deinen Werten korrelieren. Diese Erkenntnis kann Inspiration dafür sein, alte überholte unnütze Bad Habits fallen zu lassen, um dann mehr Energie und Zeit für die dir wirklich wichtigen Dinge zu gewinnen.

Übung

WAS IST DEIN BIG WHY?

Welche Dinge, die du täglich verrichtest, beanspruchen die meiste Zeit?

Welche Werte verbergen sich dahinter? Was ist dein Warum? Warum ist es dir selbst wichtig, dass du das alles machst? Welche deiner Stärken lebst du dadurch aus? Inwiefern fördert es dein Familienglück oder hilft es dabei, Leid zu vermeiden?
Finde für jede Tätigkeit dein BIG WHY. Hinterfrage Aktivitäten, für die du keinen Sinn findest. Verteile deinen Zeit- und Energieaufwand im Alltag ggf. neu, indem du Tätigkeiten identifizierst, die dir selbst nicht wichtig sind, die du jedoch aus Gewohnheit oder aufgrund von Erwartungen (von außen oder durch deine innere Perfektionistin) machst.

Welche neuen positiven Gewohnheiten (Fitness/Ernährung/Selbstfürsorge/Glücks-Rituale wie z. B. Dankbarkeit) möchtest du mehr in deinem Alltag leben oder verstärkt einführen?

Was ist dein „BIG WHY" hinter der Aktivität? Warum ist dir das wichtig? Welche Werte kannst du dadurch leben? Wie würde es sich anfühlen, diese neuen Gewohnheiten bereits jetzt zu leben? Was würde es dir schenken auf körperlicher, geistiger und emotionaler Ebene?

Keynotes Deinem Warum

1. Klarheit über dein Warum bringt dich deinen wahren Werten näher.
2. Das Big Why stärkt deine Motivation und schenkt Energie.
3. Gleichzeitig gewinnst du durch Hinterfragen Klarheit über Gewohnheiten, die dir nicht dienlich sind.
4. Es ist Stütze und Erinnerung für die Dinge, die dir wirklich wichtig sind.
5. Das Big Why kann helfen, neue positive Gewohnheiten einzuführen und durchzuhalten.
6. Das Big Why ist hilfreich für die Sinnerfüllung.

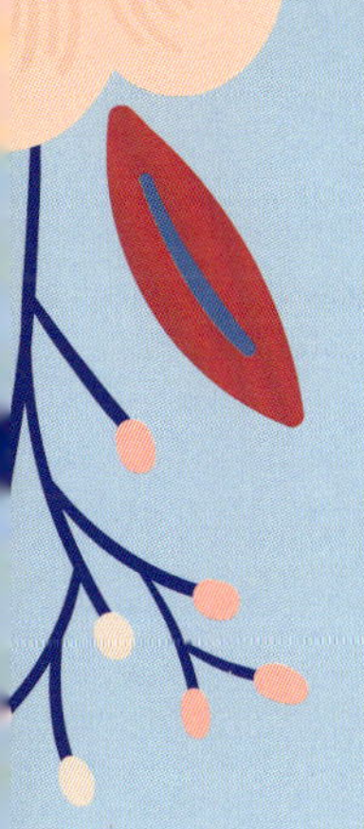

Du bist die perfekte Mutter für deine Kinder

Umwogende Schönheit bist du für sie
Deine Taten, all deine Taten sind alles für sie
Vor allem dein Sein, dein Mutterseelen-Sein und Genießen
Ihre Seelen werden genährt von deiner Herzensliebe
So oft authentisch, lachend, verzeihend, sich selbst gespiegelt bekommend
Angenommen, in allem, was ist
Unerwartetes Glück, immer und immer wieder schenkst du ihnen
Jedes Mal, wenn du ihnen vorliest, mit ihnen spielst, wahrhaftig spielst
Jedes Mal, wenn du sie durchkitzelst
Jede Kleinigkeit ist riesengroß für sie – es ist die Welt für sie
Sie sind bei dir, um von dir liebevoll geführt und angenommen zu werden
Das alles und so viel mehr gibst du jeden Tag
Und noch immer zweifelst du an deinem Gut-genug-Sein?
Es ist nicht deine Aufgabe, in deinen Handlungen perfekt zu sein
Es ist deine Aufgabe, perfekt die Mutter, die du bist, zu sein
So herzlich, so Freiheit-schenkend und das Leben in kleinen und großen Abenteuern feiernd
Du bist genug, du bist wertvoll und eine gute Mutter
Tanze das Leben mit deinen Schätzen – Tanze deinen eigenen Tanz
Es gibt nichts Schöneres für sie
Die Zeit mit dir zusammen, deine Aufmerksamkeit ist wie fliegen

10. MAMA-GLÜCKS-IMPULS:

Vergeben, um frei zu sein!

Oft tragen wir jahrelang negative Erfahrungen mit uns und sind emotional daran gebunden. Vergebung ist ein Geschenk an sich selbst, um ganz (-heitlich) loszulassen.

WAS IST VERGEBUNG?

Vergebung ist ein geistiger und emotionaler Prozess, um Groll, Schmerz, Enttäuschung, Bitterkeit, ein schlechtes Gewissen – sozusagen alle negativen Gefühle gegenüber einem anderen Menschen oder sich selbst – zu verstehen und zu fühlen und dann loszulassen. Durch das Loslassen gewinnt man Freiheit, Leichtigkeit und neue positive Verbundenheit zu seinem Gegenüber (wenn die Beziehung noch aufrechterhalten werden möchte) oder zu sich selbst. Vergebung ist für dich selbst bestimmt und nicht für die andere Person, die dich verletzt hat. Es ist etwas, was du dir selbst schenkst. Vergebung bedeutet nicht, dass dadurch die Handlung entschuldigt wird. Beim Vergebungsprozess geht es darum, sich selbst Leichtigkeit und Freiheit zu geben. Denn egal, wie sehr du denkst, auf kognitiver Ebene schon längst vergeben zu haben, die emotionale Ebene ist entscheidend. Die entscheidende Frage ist: Bist du mit all deinem Sein im Reinen, wenn du an das „bestimmte" Ereignis zurückdenkst?

Ich gehe in diesem Kapitel NICHT auf die größten menschlichen Vergehen ein (z. B. sexueller Missbrauch, Gewalt, Mord etc.). Mein Fokus liegt auf den alltäglichen kleinen und großen Erfahrungen, die zu Wut und Groll aller Art in uns führen, weil andere oder man selbst sich nicht so verhalten hat, wie man es sich wünscht: all das Gesagte und Nicht-Gesagte, all die Lieblosigkeiten, das Nicht-Zuhören, Unfreundlich-Sein, etwas Wichtiges vergessen zu haben, sich nicht melden, sich missverstehen, unfair sein, gemein zueinander sein, betrogen worden sein auf verschiedenste Art und Weise, angelogen worden zu sein etc. All die menschlichen alltäglichen Unperfektheiten, an denen wir oft lange zu knabbern haben und uns dadurch unnötig Stress, Schwere und Leid produzieren.

Meiner beruflichen und persönlichen Erfahrung nach sind es meist die folgenden vier Bereiche, die bei vielen Müttern belastende Themata sind:

1. Zu wenig gezeigte und gelebte Liebe, zu wenig Anerkennung und Zuwendung durch die eigenen Eltern.

2. (Gegenseitige) Enttäuschungen und Verletzungen in Freundschaften.

3. Alle anderen Menschen, die sich nicht so verhalten, wie wir es erwartet oder uns gewünscht haben (z. B. Kollegen, Verwandte, Nachbarn, Bekannte, Kellner, Kassierer, andere Autofahrer, Lehrer unserer Kinder etc.)

Und das größte Thema:

4. Die Fehler, die man selbst als Mutter macht.

Studien zeigen deutlich, dass man auf psychischer Ebene unheimlich profitiert, wenn man Vergebung einübt: Man hat weniger Gedankenkreisel um das Thema, weniger negative Gedanken allgemein, weniger negative Gefühle, besondere soziale Verbundheit, höhere Empathie, weniger Angst und Depression. Abgekürzt kann man sagen, dass Menschen, die vergeben können, im Allgemeinen glücklicher und gesünder sind. Am wichtigsten hervorzuheben ist, dass man durch den Vergebungsprozess nicht nur seelischen Ballast abwirft, sondern die positive Verbindung für eine bessere Beziehung zu seinen Lieben und sich selbst verstärkt – und das ist wie ein gefühlter Jackpot! Mit deinen Beziehungen steht und fällt alles, was du höchstwahrscheinlich selbst in deinem Alltag bereits erlebt hast. Stell dir nur einmal kurz vor, wie wunderschön es wäre, wenn all das Negative, das in deiner Vergangenheit war, gefühlt „weg" ist oder zumindest nicht mehr als so belastend in deinem System empfunden wird. Wenn du mit jedem und mit allem, was war, und mit dir selbst im Reinen bist: Das ist der Himmel auf Erden. Genauso fühlt es sich an, wenn man Vergebung übt und fühlt.

In unserer „Gutmensch-Perfektionismus-Vernunftsgesellschaft" kennt und spürt man den hohen Anspruch, jedem alles schnell vergeben zu müssen. Doch wenn man etwas muss, stellt sich innerlich direkt ein Widerstand ein. Das bedeutet, wenn du bei bestimmten Themen noch nicht vergeben möchtest, dann darf das respektiert werden. Fang mit etwas Kleinerem an und versuche dich an dem schwierigeren Thema noch einmal, wenn du schon etwas Übung im Vergeben hast. Zusätzlich dazu vergibt man aus der Intention heraus, gutmütig und perfekt sein zu wollen, vielleicht auf kognitiver Ebene. Man kann mit dem Verstand alles erklären und rechtfertigen. Auf Herzensebene kann die Verletzung, die durch die Handlung versursacht wurde, jedoch immer noch präsent sein. An folgenden vier Aussagen kannst du feststellen, ob du wirklich vergeben hast. Bitte sei hier ehrlich zu dir selbst, ob du dich in diesen Aussagen wiederfindest. Findest du dich wieder, ist das Thema für dich noch nicht aufgelöst.

1. Ich wünsche mir, dass sie/er dafür zur Rechenschaft gezogen wird und dafür bezahlt.

2. Ich wünsche mir manchmal, dass der Person etwas Schlechtes widerfährt, sie sich schlecht fühlt, sie genauso verletzt wird.

3. Ich lebe mein Leben, als ob die Person nicht existiert.

4. Ich versuche, so viel Distanz zwischen uns zu halten wie nur möglich.

Du bist nicht allein, ich kenne diese Art von Gedanken ebenfalls. Die aufgezeigten Reaktionen und Gefühle sind sehr menschlich. Untersuchungen haben ergeben, dass alle Menschen, die in irgendeiner Weise verletzt worden sind, folgende drei Verhaltensweisen zeigen: 1. Sie wünschen dem „Täter*in" dieselbe schlechte Erfahrung. 2. Sie vermeiden den Kontakt und distanzieren sich. 3. Sie ersehnen Rache. Das bedeutet, wenn du zu bestimmten Ereignissen in irgendeiner Form Schwere in dir trägst, darf hier noch weiter vergeben werden. Natürlich nur, wenn du das wirklich möchtest.

WIE VERGIBT MAN?

Bevor die einzelnen Schritte beschrieben werden und du eintauchen kannst, wie man Vergebung praktisch umsetzen kann, ist es hilfreich, anzuerkennen, dass uns selbst schon oft im Leben vergeben wurde. Mach dir an ein paar Beispielen bewusst und erinnere dich, wann dir wer was vergeben hat. Wieso glaubst du, hat dir dieser Mensch vergeben? Hat es positive Aspekte für eure Beziehung mit sich gebracht? Was hast du aus dieser Erfahrung gelernt? Gab es dadurch eine positive Beeinflussung für dein weiteres Leben? Uns bewusst zu machen, dass wir auch selbst manchmal Dinge tun, die uns andere vergeben und aus diesen Erfahrungen auch Positives hervorgegangen ist, kann die Tür dafür öffnen, anderen zu vergeben, und erleichternd sein.

Wie man Vergebung üben kann

1. Schreibe einen Vergebungsbrief

Der Vergebungsbrief ist eine Art Schreibmeditation. Es geht darum, durch den Schreibprozess all die Enttäuschung, alle Verletzungen, die Wut, die Traurigkeit und andere unangenhme Gefühle der negativen Erfahrung loszulassen. Und es geht darum, alles, was dich noch an dem Thema beschäftigt, dir von der Seele zu schreiben, ohne den Brief abzuschicken. Dafür ziehst du dich am besten zurück, schenkst dir Stille und gehst innerlich in der Vergangenheit Menschen durch, die dich verletzt haben. (Ganz egal, ob der Mensch noch präsent ist in deinem Leben oder sogar nicht mehr am Leben ist. Wir tragen oft jahrelang die Themen mit uns herum.)

Gehe zurück zu der schmerzhaften Erfahrung, fühle dich kurz hinein (nicht länger als zwei Minuten) und schreibe dann detailliert auf, welchen Schaden du davongetragen hast. Was hat dich genau gestört und verletzt? Warum genau warst du enttäuscht? Welche negativen Gefühle kamen in dir hoch, und inwiefern ist es bis heute belastend für dich? Welches Verhalten hättest du dir stattdessen gewünscht? Schreibe dir alles unzensiert von der Seele.

Anschließend ist es wichtig, den Brief abzuschließen mit einem Vergebungssatz, z. B.: „Ich realisiere und verstehe jetzt, dass dein Verhalten damals dein dir zu jenem Zeitpunkt Bestmögliches war. Und: Ich vergebe dir. Ich weiß, dass alle Menschen Fehler machen, auch ich selbst. ICH VERGEBE DIR."

Nimm bewusst wahr, dass du in diesem Moment zu einem Menschen wie du und ich gütig bist und wie befreiend es sich anfühlt, all den Groll usw. loszulassen.
Wenn es sich für dich stimmig anfühlt, kannst du auch noch einen Schritt weitergehen und folgendes Statement ergänzen: „Bitte vergib mir, dass ich so viel Negatives über dich

gedacht habe, dich zutiefst verachtet und verurteilt habe. Vergib mir all den Groll gegen dich. Ich vergebe dir und mir selbst und ich lasse los." Fühle nach, wie du dich nach dieser heilsamen Schreibmeditation fühlst. Den Brief kannst du entweder in Stücke zerreißen und entsorgen. Oder du kannst ihn verbrennen als Akt des Loslassens der Erfahrung aus deinem Leben. Du kannst ihn auch behalten und erneut zur Unterstützung durchlesen, falls die Schwere noch nicht ganz aufgelöst ist. Du entscheidest, was sich stimmig für dich selbst anfühlt.

2. Die Vergebungsmeditation

Ähnlich wie beim Vergebungsbrief denkst du an das negative Ereignis zurück. Anstatt es jedoch aufzuschreiben, stellst du dir nun innerlich den Prozess der Vergebung im Geiste vor. Sehr hilfreich ist es, vor der Vergebungsmeditation eine kleine Entspannungsübung zu machen. Das ermöglicht einen viel schnelleren Zugang zu deiner Gefühlswelt. Wenn du dich für eine Person entschieden hast, stelle sie dir nun vor, wie sie in einem Abstand von circa drei Meter vor dir steht. Nimm kurz wahr, wie die Person aussieht, was sie anhat, registriere ihren Gesichtsausdruck und ihre Körperhaltung. Und nun sag ihr im Geiste alles, was dir auf dem Herzen liegt. Hier kannst du dich an den Fragen aus der vorherigen Übung orientieren. Konzentriere dich immer wieder darauf, wie das Verhalten sich auf deine Gefühle ausgewirkt hat, auf den Schaden, der in deiner Seele dadurch angerichtet wurde. Was hat dich genau verletzt und weshalb? Gehe ins Detail. Wenn du dann alles dir Wichtige zu diesem Thema ausgesprochen hast, sprichst du deinen Vergebungssatz aus:

„Ich vergebe dir, dass du mir das angetan hast. Ich vergebe dir, dass .... (detailliert aufzählen).

Ich vergebe dir und ich lasse jetzt los. Bitte vergib mir, dass ich so lange so schlecht über dich gedacht habe. Dass ich so viel Groll gegen dich gefühlt habe."

Du kannst dir vorstellen, dass während der Meditation oder abschließend etwas von Herz zu Herz fließt. Es kann weißes Licht sein, Wasser, goldene Fäden, Luft, etwas Glitzerndes, positive Energie oder etwas ganz anderes, was du mit Frieden und Loslassen und Im-Reinen-Sein verbindest. Genieße diesen Austausch der inneren Heilung, so lange es sich gut für dich anfühlt. Anschließend, wenn du so weit bist, atmest du ein paar mal tief ein und aus, öffnest deine Augen und nimmst wahr, wie es dir nach der Vergebungsmeditation geht.

TIPP: Wenn du zu dem Thema weiterhin Schwere empfindest, ist es hilfreich, die Schritte zu wiederholen bis es sich leicht und friedvoll anfühlt.

Übung

VERGEBEN, UM FREI ZU SEIN.

1. Schritt: Denke kurz über dein Leben nach und schreibe intuitiv fünf Personen auf, denen du vergeben möchtest.

2. Schritt: Fange mit der ersten Person an. Begib dich in die Situation, als das Ereignis stattfand, und stelle dir Ort, Zeit und in Kürze die Gegebenheiten vor.

3. Schritt: Fühle all den Schmerz (nicht länger als zwei Minuten). Tauche kurz ein in all die Gefühle, die die Person durch ihr Handeln in dir ausgelöst hat, und sprich diese Gefühle aus. Was genau hat dich so sehr verletzt und warum? Was hättest du dir stattdessen gewünscht?

4. Schritt: Mitgefühl aufbauen. Mache dir bewusst, dass Menschen, die verletzen, selbst verletzt worden sind. Welche Erfahrungen aus der Kindheit, welche Umstände könnten dazu geführt haben, dass die Person sich dir gegenüber so verhalten hat? Dadurch verlagerst du deinen Fokus von der Tat auf die Menschlichkeit der Person. Die Menschlichkeit, die unperfekt ist und uns allen gemeinsam ist und uns miteinander verbindet.

5. Schritt: Reframing. Mach dir bewusst, dass jede Erfahrung auch eine positive Komponente hat. Was hast du aus der Erfahrung gelernt? Hat sie dein Leben in irgendeiner Form positiv beeinflusst? Bist du auf irgendeiner Ebene gestärkt aus der Erfahrung hervorgegangen?

6. Schritt: Vergeben, um frei zu sein. Schreibe ein Vergebungsstatement und lasse dich selbst aus den Verstrickungen dieser Erfahrung frei.

Keynotes Vergebung

1. Vergebung ist ein emotionaler und kognitiver Prozess.
2. Vergebung ist nicht für die andere Person oder eine Wiedergutmachung. Vergebung dient dir selbst.
3. Vergebung schenkt dir selbst Freiheit, Loslassen der negativen Gefühle und inneren Frieden.
4. Vergebung kann trainiert werden.
5. Vergebung stärkt deine Resilienz und dein persönliches Glück.

Loslassen

Alles, wirklich alles ist eine Chance
Dein Ego aber bewertet jedes ungewollte Ereignis und belabert dich in Trance
Vergebung ist Loslassen und wie Losfliegen
Du fühlst dich viel leichter, auf der Entspannungswolke im Liegen
Wie alles andere kann man Vergebung trainieren
Das Ego sagt, wenn du nachgibst, wirst du verlieren
Beobachten dieser Trennung, die der Geist forciert
Durch bewertende Gedanken und negative Gefühle und schon ist es passiert
Ein Streit, die Wut auf alle und dich
Alles ist schwer, es verzieht sich alles, dein Gesicht
Kurzes Erinnern: ich möchte doch vergeben
Ist es wirklich so dramatisch das „Vergehen"?
Ist es es wert, meinen inneren Frieden dafür aufzugeben?
Nur, weil mein Ego recht haben will?
In Windeseile ist meine Wut schon gestillt
Mir wird klar, wie unwichtig dieses kleine Ereignis ist
ICH entscheide, wie ich es bewerte und gewinn'

ABSCHLUSSGEDANKEN:

Von der Göttlichkeit an jede Mutter auf der Welt

Unglaubliches Wunder vollbringst du jeden Tag als Mutter. Mögest du endlich sehen, welch großes Geschenk deine Anwesenheit für deine Familie ist. Doch fängst du dich selbst auch auf? In deiner Erschöpfung, in deiner Frustration, in allen negativen Gefühlen, Gedanken und Körperempfindungen? Wann hast du dir das letzte Mal erlaubt, deine Gefühle zu fühlen? Ohne Bewertung und eigenes (Ver-)Urteilen? Was du so oft zulässt bei deinen Schätzen. Was wäre das für ein Riesengeschenk an dich und deine Seele, wenn du so milde und mitfühlend mit dir selbst umgehen würdest? Stell dir das einen Moment lang vor. Fühle dich ein in deine bedingungslose Liebe zu deinem Kind. Übertrage diesen gütigen Blick auf alles, was du bist und tust.

eine kleine Herzensreise liegt nun hinter dir mit diesem Buch. Danke für deine Zeit, ich weiß, wie wertvoll sie ist. Jetzt liegt es an dir: Soll das Buch nun in einem Regal wieder vergessen werden? Oder hat es dir Impulse gegeben, die dich wirklich weitergebracht haben, die dir Spaß gemacht haben und dir das Gefühl geschenkt haben: Ja, ich merke, dass sich etwas verändert! Ja, ich liebe mein Mama-Leben jetzt mehr! Ja, ich bin eine gute Mutter! Ja, ich genieße mein Leben mit meinen Schätzen, egal, wie viel Stress da ist, ich habe etwas an der Hand, was mir Halt gibt, mich stärkt und mich immer wieder von der Schwere in die Leichtigkeit bringt. Die Beziehungen zu mir selbst und anderen haben sich positiv verändert. Und das Wichtigste: Mehr Lebensfreude ist eingekehrt. Mehr Lachen, mehr Genießen und Freude auf den Tag und mehr einfach im Hier und Jetzt sein.

Wenn du wertvolle und positive Erfahrungen mit den Tools gemacht hast, ist es essenziell, dass du dranbleibst. Sonst gehen diese in den nie endenden To-do-Listen des Alltags wieder unter, und schwupps glauben wir wieder unseren alten Gedankenmustern: Ich bin zu müde. Ich schaffe es nicht. Alles ist so anstrengend. Mein Mann sollte… Ich sollte… Meine Mutter sollte… Ich kriege die Krise. All die alten Muster laufen wieder ab, alte, gewohnte Gedanken führen zu alten, gewohnten Gefühlen von Überforderung, Stress, Frust, allein sein, genervt sein, dazu sich selbst zu verurteilen, zu reagieren, anstatt anderen und uns selbst gegenüber achtsam und liebevoll zu antworten.
Das geschieht, weil es sich so vertraut anfühlt, die alten Nörgeleien ablaufen zu lassen, den Gedanken, die einen herunterziehen, zu glauben oder die Umstände für alles verantwortlich zu machen. Wichtig hierbei ist es, sich in dem alten Muster zu „ertappen" und zu beobachten: „Ah, das ist das alte Ich, okay, ich muss nichts damit anfangen." Das Unterbewusstsein schickt einem immer wieder die „alten Themen", bis die neue Gewohnheit zu 100 % verankert ist. Solange du die alten Muster beobachtest und dich nicht damit identifizierst, bist du auf dem neuen, richtigen Weg.

Damit der Rückfall in die alten Muster nicht passiert bzw. immer seltener wird, ist es enorm wichtig – ich kann das nicht oft genug betonen –, dass du in der Übung bleibst und die Tools zu deinen alltäglichen Ritualen und Begleitern machst.

„Stopp – das ist mein altes Ich. Ich wähle meine neue Realität: in der ich selbst bestimme, wie ich etwas bewerte. In der ich achtsam mit mir selbst, meinen Gedanken und meinen Gefühlen bin und mir selbst eine fürsorgliche, liebevolle und herzliche Mutter bin. In der ich mich in schwierigen Momenten auffangen kann, anstatt dies von meiner Außenwelt zu erwarten. In der ich mich mit einem eingeübten Tool aufrichte und stärke und somit von innen wieder meine Anerkennung, meinen Wert als Mutter und Frau verkörpere."

Unterstützend ist es, wenn du eine Verbündete hast (eine gute Freundin oder Nachbarin, deine Schwester), eine Soul-Mom sozusagen, mit der du gemeinsam den Weg der Veränderung beschreitest und die Abmachung eingehst, euch gegenseitig an das neu Gelernte zu erinnern. Sie ist für regelmäßigen Austausch da und gibt dir Motivation.
Weiterhin ist es schön und motivierend für dich und dein System, wenn du deine Erfolge niederschreibst (vgl. 6. Mami-Glücks-Impuls). Nutze dafür ein Erfolgstagebuch oder ein Dankbarkeitstagebuch, in das du am Ende des Tages oder auch zwischendurch notierst, wenn du dein Verhalten in eine für dich gewünschte Richtung ändern konntest. Jedes Mal, wenn du es schaffst, aus dem belastenden Gedankenkreisel auszusteigen („Es ist nur ein Gedanke/eine Story") und ihn vor allem als dir nicht dienlich ertappst; jedes Mal, wenn du in Momenten, in denen du keine perfekte Mama bist, mitfühlend mit dir selbst bist; jedes Mal, wenn du deine Dankbarkeits-Praxis gemacht hast; jedes Mal, wenn du mit deinen Kids True Fun erfahren hast: All das IST EIN ERFOLG! Das Niederschreiben zeigt und beweist dir und deinem System nochmal schwarz auf weiß, dass du erfolgreich bist! Alles, was wir bewusst anerkennen, wird automatisch mehr. Es schult unsere Wahrnehmung, gezielt nach diesen Erfolgen und nach dem, was bereits gut ist, Ausschau zu halten.

Schau dir auch die Bereiche Fitness, Ernährung und Schlafverhalten in deinem Mama-Alltag ehrlich an und versuche, die achtsame Selbstfürsorge auch hier zu integrieren. Wenn du topfit, ausgeschlafen und voller Energie bist (gefördert durch achtsame Ernährung, regelmäßige Bewegung und eine gesunde Schlafkultur), ist es viel einfacher deinen Mama-Flow zu leben.

Ich wünsche mir von Herzen, von Mutterseele zu Mutterseele, dass dich meine Worte erreicht, motiviert und inspiriert haben. Dass ich dir und deiner Familie durch die Tools mehr Leichtigkeit und Glück schenken durfte und darf. Das erfüllt mein Sein.

Du bist genug. Du bist wertvoll. Du bist eine wundervolle Mutter.

Deine Anna, deine Mindful Mom

Herzensliebe

Alles, was du bist und tust für deine Kinder
Genieße dein Wirken für sie
Du musst nicht noch mehr leisten
Du bist auf allen Ebenen genug
Gibst und gibst und gibst
All dein Mama-Sein
Einfach weiter im Hier und Jetzt mit deinen Juwelen
Alles andere ergibt sich von selbst
Du wirst sehen und spüren und überrascht sein auf deinem Weg
Vergiss nicht den Weg
Wie du ihn gehst, ist alles
Auch das lernen sie von dir
Entspannt, genussvoll, mal laut und mal leise, vor allem voller innerer Führung
Voller innerem Sein
Leuchten von innen, Glitzer versprühen, auch in dunklen Minuten
All dein Wirken nur für deine Kinder ist
so viel mehr als genug als dein Lebenswerk
Schneide Gedankenlöcher in dein achtsames Sein
Vollmundiges Sein in allen Farben und Formen
So ist euer Alltag, was für eine wundervolle Art zu leben
Sieh dich endlich so, wie du wirklich bist,
rein, liebevoll und herzlich,
Alle Facetten dürfen da sein
Du wurdest erschaffen, um alles fühlen zu dürfen
All die Farben deiner Emotionen
Du, du, du bist ihr Glitzerstern, der jeden Tag für sie leuchtet
Der sie jeden Tag führt, begleitet, Geborgenheit und liebevolles Dasein schenkt

DANK

Dankbarkeit erfüllt mich, wenn ich mir bewusst mache, dass ich unsere Jungs, diese drei wundervollen Seelen als Mutter begleiten darf. Ich darf mit ihnen wachsen, mich erinnern, mich weiterentwickeln aus meinen eigenen Begrenzungen. Das Leben mit ihnen zu genießen, schenkt mir so viel Sinn-Erfüllung. Sie haben die absolute Wahrheit in sich, an die sie mich täglich erinnern. Durch unser wundervolles Alltagsleben mit allen Facetten, den lauten und leisen, den schönen und den schwierigen, konnte dieses Buch entstehen.
Ich danke meinen drei wundervollen Kindern, dass sie so sind, wie sie sind: achtsam, herzlich, körpernah, vom Leben begeistert, alle Emotionen zeigend und auslebend, beste Freunde, mir meine inneren Themen aufzeigend, liebevoll, sofort vergebend, unschuldig, rein und leuchtend. Danke, dass ich eure Mutter sein darf.

Danke an meinen Mann, meine absolute Herzensverbindung, die schönste Liebe zwischen zwei Menschen, die ich mir vorstellen kann, meinen absolut besten Freund. Danke für deine unendliche UNTERSTÜTZUNG für meine beruflichen Passionen, die Zeit zum Schreiben (inkl. Absturz des PC's, Verschwinden der Buch-Datei und Wiederherstellung durch deine Mühen). Danke für das Finden des perfekten Verlags. Danke, dass du auch offen bist für all die Themen der Persönlichkeitsentwicklung und dass du den Weg bewussten und achtsamen Eltern-Daseins mit mir gehst. Danke für deine bedingungslose Liebe. Danke dafür, dass du so ein wundervoller Vater bist und du unseren Kindern so viel Zeit und Liebe widmest. Meine Liebe zu dir ist grenzenlos.

Danke an meine Eltern, die immer ihr absolut Bestes geben, um mich auf allen Ebenen zu unterstützen. Danke für eure Liebe und all das Geben als Eltern. Danke für eine wundervolle Kindheit. Papa, dir und Oma werde ich auf ewig dankbar sein, dass wir durch eure Unermüdlichkeit nach Deutschland eingewandert sind und dass ich auch durch deine Strenge so zielstrebig bin, meine Träume und Herzenswünsche zu verwirklichen. Mama, dir verdanke ich meine Herzlichkeit, die ich als Mutter auszuleben so sehr liebe. So vieles habe ich von dir für den Mama-Alltag gelernt. Danke für unsere unzähligen Café-Besuche, bei denen wir über die Psychologie des Menschen und unsere Heimat Moldawien philosophieren.

Danke an meine Schwester, die immer an mich glaubt und sich bemüht, dass wir Zeit miteinander und mit unseren Familien verbringen. Ich habe dich und deine Kinder sehr lieb.

Danke an meine Schwiegereltern, die immer da sind, wenn wir Unterstützung brauchen und gleichzeitig nie etwas erwarten. Danke für so viel Hilfe und familiäre Herzlichkeit.

Danke an all die Mütter, die ich in meinem Beruf als Entspannungstherapeutin begleiten durfte und die durch das Ausprobieren der Tools und das Feedback ihrer Erfahrungen ebenfalls zu diesem Buch beigetragen haben.

Danke an den perfekten Verlag für dieses Buch: Danke an EMF. Es hat mir unheimlich viel Freude bereitet, aus diesen Worten ein Buch zu kreieren. Besonderer Dank geht an meine Lektorin Franziska Witt-Klorer: Danke für die kompetente und liebevolle Begleitung, fachlich so gute Beratung und deine Herzlichkeit.

Besondere Menschen, für die ich auch sehr dankbar bin, sind meine Freunde, meine Herzensmenschen: Svenja, Agnes, Anna, Rosa, Silvia, Tanja, Priska, Sonja, Linda, Martina und Yvonne. Danke für wahre und echte Freundschaft.

Danke von Herzen an Klaus und Silvia. Danke, dass wir eure Ziegen, Hühner, die Hütte und Frieda genießen dürfen.

Danke an all die Lehrer, die so viel Weisheit, Lebensfreude und Positivität in die Welt bringen und mich auf meinem Mindful-Mom-Weg begleitet haben: Dr. Joe Dispenza, Jon Kabat-Zinn, Sonja Lyubomirsky, Dr. Laurie Santos, Marisa Peer, Veit Lindau, Robert Betz, Stefanie Stahl, Kristin Neff, Toni Robbins, Vishen Lakhiani, John Strelecky, Jen Cincero, Byron Katie, Marshall Rosenberg, Catherine Price, Frits Koster, Abraham Hicks. Und an meinen Mann, der so viel Weisheit in sich trägt.

Danke an die Quelle/Gott/das Universum für die Inspiration und innere Führung in diesem Prozess und das stetige Urvertrauen, dass alles gut ist.

ÜBER DIE AUTORIN

Anna Meiwes ist Pädagogin und Entspannungstherapeutin. Sie coacht in ihren „Mindful Mom"- Entspannungs- und Glückskursen Mütter zu mehr ganzheitlichem Glück. Sie berät auch Unternehmen zum Thema achtsame Führungskultur. Nach ihrem Studium hat sie sich mit ihre Familie für 2,5 Jahre in den USA niedergelassen, um dort zu leben, zu arbeiten und sich weiterzubilden in den Bereichen: self-growth, neuroscience, mind body medicine und the schience of happiness. Seitdem hat sie sich ihrer Vision verschrieben, das Mama-Dasein positiv zu beeinflussen.Durch ihre achtsame Lebensweise führt sie ihr absolutes Mama-Traumleben. Den Mama-flow lebt sie mit ihrer Familie im Allgäu mit viel Herzlichkeit, Begeisterung fürs Mama-Dasein und die Leichtigkeit des Seins. Sie liebt es, sich ständig weiterzubilden und das Wissen weiterzugeben.

Mehr über Anna erfährst du auf:

www.anna-meiwes.com

QUELLEN

1. Kapitel

- Weiss, Halko; Harrer, Michael E.; Dietz. Thomas: Das Achtsamkeitsbuch, Stuttgart: Klett-Cotta, 2016.
- Kabat-Zinn, Jon & Myla: Mit Kindern wachsen. Die Praxis der Achtsamkeit in der Familie, 6. Auflage, Freiamt: Arbor, 2011. Originaltitel: Everyday Blessings.
- Iding, Doris: Achtsamkeit. Mein Übungsbuch für mehr Balance und Harmonie, München: Grafe und Unzer Verlag, 2015.
- Verni, Ken, A.: Happiness the Mindful Way. A practical guide, London: DK – Penguin Random House, 2015.
- Kabat-Zinn, Jon: Coming to Our Senses. Healing Ourselves and the World trough Mindfulness, Hachette Books, 2005.
- Rowan, Tiddy: The little book of mindfulness. Quadrille, 2013.
- Phakchok Rinpoche; Erric Salomon: Radikal glücklich. Die revolutionäre Road-Map für ein erfülltes Leben. Kailash, 2019.
- Lucas, Marsha: Schalten Sie Ihr Gehirn auf Liebe. Erfüllende Beziehungen durch Achtsamkeitsmeditation. Hay House, 2013. Originaltitel: Rewire Your Brain for Love.
- https://www.ummhealth.org/center-mindfulness
- https://nlp-zentrum-berlin.de/ausbildungen-seminare/seminare/achtsamkeit
- Beispielsweise: https://www.apa.org/monitor/2012/07-08/ce-corner (American Psychologican Association)

2. Kapitel

- Vishen Lakhiani: Definiere dich neu. Das Update für ein außergewöhnliches Leben, Momanda, 2019. Titel der Originalausgabe: The Code of the Extraordinary Life. Ten Unconventional Laws to Redefine Your Life on Your Own Terms, Rodale Inc., 2016.
- Beispielsweise: Emmons und McCullough 2003
- https://rockyourlife.de/wp-content/uploads/Wirkung-von-Dankbarkeit-Recherche.pdf
- Das Gehirn eines Buddha: Die angewandte Neurowissenschaft von Glück, Liebe und Weisheit. Freiburg: Arbor, 2010.
- Sonja Lyubomirsky: The How of Happiness. A new Approach of getting the life you want. Penguin Books, 2007.
- Dr. Joe Dispenza: Werde übernatürlich. Wie gewöhnliche Menschen das Ungewöhnliche erreichen. Originaltitel: Becoming Supernatural. KOHA Verlag, 2017.
- Lucas, Marsha: Schalten Sie Ihr Gehirn auf Liebe. Erfüllende Beziehungen durch Achtsamkeitsmeditation. Hay House, 2013. Originaltitel: Rewire Your Brain for Love.
- https://www.spektrum.de/news/positive-psychologie-sei-dankbar/1774092
- https://nlp-zentrum-berlin.de/infothek/nlp-psychologie-blog/item/dankbarkeit-macht-gluecklich-und-gesund
- https://www.coursera.org/learn/the-science-of-well-being
- https://www.drlauriesantos.com/happiness-lab-podcast
- https://www.rickhanson.net/take-in-the-good/
- https://www.rickhanson.net/how-your-brain-makes-you-easily-intimidated/
- https://www.llewellyn.com/encyclopedia/article/244

3. Kapitel

- Stahl, Stefanie: Das Kind in dir muss Heimat finden. Der Schlüssel zur Lösung (fast) aller Probleme, München: Kailash, 10. Auflage, Originalausgabe: Kailash Verlag, 2015.
- Lindau, Veit: Selbstliebe. Willkommen zu Hause in dir! München: Wilhelm Goldmann Verlag, 2016.
- Betz, Robert: Willst du normal sein oder glücklich? Aufbruch in ein neues Leben und Lieben. Heyne, 2011.
- https://marisapeer.com/

4. Kapitel

- Neff, Kristin: Kraftvolles Selbstmitgefühl für Frauen. Klar für sich selbst einstehen, engagiert handeln und Erfüllung finden, Kailash, 2022. Die Originalausgabe erschien 2021 unter dem Titel: Fierce Self-Compassion: How Women Can Harness Kindness to Speak Up, Claim their Power, and Thrive by Harper Wave, New York City, USA.
- Neff, Kristin; Germer, Christopher: Selbstmitgefühl. Das Übungsbuch. Ein bewährter Weg zu Selbstakzeptanz, innerer Stärke und Freundschaft mit sich selbst, 4. Auflage: Freiburg: Arbor Verlag, 2021. Titel der Originalausgabe: The Mindful Self-Compassion Workbook. A proven way to accept yourself, build inner strength and thrive, Guilford Publications, 2018, New York, USA.
- Stocker, Christina; Willms, Jana; Koster, Frits; Van den Brink, Erik: Mitgefühl üben. Das große Praxisbuch. Mindfulness - Based Compassionate Living (MBCL), Wiesbaden: Springer, 2020.
- Neff, Kristin: Selbstmitgefühl. Wie wir uns mit unseren Schwächen versöhnen und uns selbst der beste Freund

werden, 14. Auflage, München: Kailash, 2012. Titel der Originalausgabe: Self- Compassion, Harper Collins, 2011.

- Cincero, Jen: You are a Badass. How to Stop Doubting Your Greatness and Start Living an Awesome Life, Philadelphia, Running Press, 2013.
- Lindau, Veit: Heirate dich selbst. Wie radikale Selbstliebe unser Leben revolutioniert. Kailash Verlag, 2013.

5. Kapitel

- Byron Katie mit Stephen Mitchell: Lieben was ist. Wie vier Fragen Ihr Leben verändern können, Goldmann, 2002.
- Dispenza, Joe: Breaking the Habit of Being Yourself. How to Lose Your Mind and Create a New One, USA: Hay House, 2012.
- Sonja Lyubomirsky: The How of Happiness. A new Approach of getting the life you want. Penguin Books, 2007.
- https://gedankenwelt.de/warum-konzentriert-sich-unser-gehirn-auf-negatives/
- https://www.heartmath.com/science/

6. Kapitel

- Hick, Esther & Jerry: Ask and it is given. Learning to Manifest Your Desires. The Teachings of Abraham. Hay House, 2004.
- Lindau, Veit: Heirate dich selbst. Wie radikale Selbstliebe unser Leben revolutioniert. Kailash Verlag, 2013.
- Dispenza, Joe: Breaking the Habit of Being Yourself. How to Lose Your Mind and Create a New One, USA: Hay House, 2012.
- https://gedankenwelt.de/warum-konzentriert-sich-unser-gehirn-auf-negatives/

7. Kapitel:

- Lindau, Veit: Selbstliebe. Willkommen zu Hause in dir! München: Wilhelm Goldmann Verlag, 2016.
- Betz, Robert: Willst du normal sein oder glücklich? Aufbruch in ein neues Leben und Lieben. Heyne, 2011.
- Betz, Robert: Raus aus den alten Schuhen! So gibst du denem Leben eine neue Richtung, Heyne, 2009

8. Kapitel

- Price, Catherine: The Power of Fun. How to feel alive again. The Dial Press, New York, 2021.

9. Kapitel

- https://www.trackinghappiness.com/what-is-your-why/
- https://community.thriveglobal.com/what-s-your-big-why/
- https://thetrainingthinking.com/en/the-golden-circle-by-simon-sinek/

10. Kapitel

- Duprée, Ulrich E.: Ho'oponopono. Das hawaiianische Vergebungsritual. Schirner Verlag, 2022
- Guilsborough, Kitty: Das kleine Buch vom Vergeben. Loslassen, was uns verletzt und innere Freiheit gewinnen, München: Wilhelm Heyne Verlag, 2022. Titel der Originalausgabe: The Little Book of Forgiveness, Gaia Books, 2021.
- Vishen Lakhiani: Definiere dich neu. Das Update für ein außergewöhnliches Leben, Momanda, 2019. Titel der Originalausgabe: The Code if the Extraordinary Life. Ten Unconventional Laws to Redefine Your Life on Your Own Terms, Rodale Inc., 2016.
- Sonja Lyubomirsky: The How of Happiness. A new Approach of getting the life you want. Penguin Books, 2007.

Weitere lesenswerte Bücher, die für mein Mindful-Mom-Mindset hilfreich waren und mich inspiriert haben:

- Tsabary, Shefali: The Conscious Parent. Transforming Ourselves, Empowering our Children, Namaste Publishing, 12. Auflage, 2019.
- Rosenberg, Marshall B.: Gewaltfreie Kommunikation. Eine Sprache des Lebens, 12. Auflage, Paderborn: Junfermann Verlag, 2016. Originaltitel: Nonviolant Communication: A Language of Life, Puddle Dancer Press, 2015.
- Berndt, Christina: Resilienz. Das Geheimnis der psychischen Widerstandskraft, 2. Auflage, München: Deutscher Taschenbuch Verlag, 2015.
- Petermann, Franz; Vaitl, Dieter: Entspannungsverfahren. Das Praxishandbuch, 5. Auflage, Weinheim: Beltz Verlag, 2014.
- Chopra, Deepak: The Seven Spiritual Laws for Parents. Guiding Your Children to Success and Fulfillment, New York: Harmony Books, 1997.
- Strelecky, John: The Big Five for Life: Was wirklich zählt im Leben, dtv, 2009.
- Strelecky, John: Das Café am Rande der Welt. Eine Erzählung über den Sinn des Lebens, dtv, 2007.

IMPRESSUM

Bibliografische Information der Deutschen Bibliothek.

Die Deutsche Bibliothek verzeichnet diese Publikation in der Deutschen Nationalbibliografie.

Detaillierte bibliografische Daten sind im Internet über http://www.dnb.de abrufbar.

EIN BUCH DER EDITION MICHAEL FISCHER

1. Auflage 2024

Covergestaltung: Alexandra Wolf, Anna Fiedler

Projektmanagement und Lektorat:
Dr. Franziska Witt-Klorer
Layout: Bhavya Bhavya
Satz: Michaela Zander

Schmuckillustrationen: ©Molesko Studio/ Shutterstock

Fotografie: Fräulein Lichtmoment
by Sarah Umann

ISBN 978-3-7459-2146-5

Gedruckt bei Polygraf Print, Čapajevova 44, 08001 Prešov, Slowakei

www.emf-verlag.de